Marie Kondo

Kurashi
La joie est un art de vivre

Organiser son espace et
réaliser son idéal de vie

Marie Kondo
Kurashi La joie est un art de vivre

Marie Kondo

SOMMAIRE

Préface **7**

CHAPITRE 1 **Un dialogue avec soi-même** **9**

CHAPITRE 2 **Un dialogue avec sa maison et ses objets** **43**

CHAPITRE 3 **Visualisez votre maison idéale** **61**

CHAPITRE 4 **La joie dès le matin** **117**

CHAPITRE 5 **La joie tout au long de la journée** **137**

CHAPITRE 6 **La joie en soirée** **171**

Conclusion **205**

Épilogue **209**

Carnet de notes de votre style de vie idéal **211**

Remerciements **219**

Index **221**

PRÉFACE

Qu'est-ce qui est le plus important pour vous ?

Le rangement est bien plus qu'un moyen de mettre de l'ordre dans la maison. Il a le pouvoir de changer la vie.

Selon vous, qu'est-ce qui change le plus lorsque vous rangez ?

Pour certains, le rangement améliore les performances ou les relations professionnelles. Pour d'autres, il facilite les relations amoureuses ou la découverte de ce qu'ils désirent vraiment faire.

Mais de tous ses bienfaits, le plus incroyable est d'apprendre à s'aimer.

En faisant le tri entre ce qui vous apporte de la joie et ce qui ne vous en procure pas, vous améliorez votre capacité à choisir, à prendre des décisions et à agir – et vous prenez confiance en vous.

En vous demandant régulièrement ce qui vous procure ou non de la joie, vous découvrez progressivement ce qui est le plus important pour vous.

S'aimer élargit l'espace émotionnel et donne envie de profiter pleinement de chaque journée.

Ce livre s'adresse à tous ceux qui apprennent à apporter de la joie grâce à la magie révolutionnaire du rangement.

CHAPITRE 1

Un dialogue avec soi-même

Si vous pouviez réaliser votre rêve, quel serait votre style de vie idéal ?

Se poser cette question permet de poser les fondements d'une vie pleine de joie.

C'est la raison pour laquelle je commence toujours par demander à mes clients de partager leurs espoirs et leurs rêves. Leurs yeux brillent lorsqu'ils décrivent une somptueuse maison magnifiquement meublée dans des tons naturels ou une grande cuisine où ils s'imaginent préparer de délicieux gâteaux. Mais très vite, la réalité les rattrape et l'éclat dans leur regard disparaît. « Je vis dans un minuscule appartement », disent-ils. « Comment transformer une pièce de seulement 10 mètres carrés en un palais ? Je devrais probablement être plus réaliste. »

Cette conclusion semble parfaitement logique et, pour être honnête, pendant longtemps, je n'ai pas su comment réagir. Comment demander à mes clients de renoncer à leurs rêves ? Comment dire à quelqu'un qui aime Renoir de trouver une décoration « plus adaptée », comme des gravures japonaises sur bois, et de concentrer ses efforts sur la propreté de son studio ? Rien de tel pour le dégoûter du rangement. Cette seule pensée éteindrait la moindre étincelle de joie.

Lorsque nous visualisons notre style de vie idéal, devons-nous donner libre cours à notre imagination ou nous en tenir à ce qui est possible ? La question est délicate. J'y ai longtemps réfléchi.

En japonais, « style de vie » se dit littéralement *kurashi*. En réfléchissant à ce mot, j'ai compris que je ne connaissais pas sa signification exacte. En le cherchant dans le dictionnaire japonais Daijisen, j'ai fait une découverte intéressante : « l'acte de vivre ; vivre jour après jour ; la vie quotidienne ; gagner sa vie ». Le verbe *kurasu* signifie « passer le temps jusqu'au coucher du soleil ; vivre sa journée ». En d'autres termes, le *kurashi* idéal est simplement la meilleure façon de passer le temps. Il n'a donc rien à voir avec la « maison idéale ».

Cette prise de conscience m'a rappelé mes années d'université. À l'époque, je vivais à Tokyo avec mes parents. J'avais ma propre petite chambre, ce qui dans les villes japonaises est un véritable luxe, mais j'étais toujours pleine d'idéaux et de rêves. Je rêvais d'avoir une plus grande chambre, une plus jolie cuisine, un petit jardin sur le balcon, de plus beaux rideaux aux fenêtres, etc. La cuisine était le pré carré de ma mère et il m'était interdit d'y changer quoi que ce soit sans son accord, et ma chambre n'avait pas de fenêtre, et encore moins un balcon.

Ce décalage entre mes rêves et la réalité ne me dérangeait pas. J'avais l'habitude de dire à quel point j'aimais ma chambre. Je l'aimais parce que c'était mon espace à moi et que je pouvais y adopter mon style de vie idéal, que ce soit me détendre avant de me coucher avec des produits d'aromathérapie, écouter mes morceaux de musique classique préférés ou placer une fleur dans un soliflore sur ma table de nuit.

Le style de vie idéal désigne ce que nous faisons, et non là où nous vivons.

Une fois que mes clients ont mis de l'ordre dans leur maison, il est rare qu'ils décident de déménager ou de revoir entièrement la décoration. Souvent, c'est ce qu'ils font de leur temps à la maison qui change le plus. Et ce changement leur permet d'apprécier leur espace de vie, qu'il corresponde ou non à leur idéal.

Vous pouvez tout à fait changer de style de vie sans déménager dans une nouvelle maison ou un nouvel appartement. Il vous suffit de vivre comme si votre maison était votre maison idéale. C'est là tout l'intérêt du rangement. Lorsque vous imaginez votre style de vie idéal, demandez-vous concrètement ce que vous aimeriez faire et comment vous aimeriez occuper votre temps à la maison.

Curieusement, une fois qu'ils ont fini de ranger et qu'ils ont réfléchi à leur style de vie idéal, beaucoup de mes clients finissent par avoir la maison – et même le mobilier – de leurs rêves. Je ne compte plus le nombre de fois où je les ai entendus me dire : « Deux ans après le rangement, nous avons emménagé dans une maison en tout point identique à celle que j'avais imaginée. » Ou « On m'a donné des meubles dont j'avais toujours eu envie. » C'est l'un des nombreux effets étranges et merveilleux du rangement dont j'ai été témoin dans mon travail.

À vous de savoir si vous souhaitez y croire. Mais à l'heure d'imaginer votre style de vie idéal, autant ne pas lésiner, n'est-ce pas ?

Avez-vous renoncé à la maison idéale ?

S'il est vrai que nous pouvons nous rapprocher de notre style de vie idéal en changeant notre façon d'occuper notre temps, je ne suggère pas d'abandonner notre vision de la maison idéale pour une version plus « réaliste ». Ce serait nier l'idée que le rangement apporte de la joie. Mais alors, comment créer la maison de ses rêves ? Est-il possible, par exemple, de décorer un appartement japonais typique composé d'une seule pièce et de tatamis dans le style rococo ? J'ai longtemps pensé que c'était inconcevable. En réalité, même cela est possible.

L'un de mes livres préférés est l'encyclopédie de la mode d'Akihiro Miwa (parue chez Shueisha, Inc.). L'artiste japonais y parle du studio où il a passé sa jeunesse. Il ne mesurait que neuf mètres carrés, mais il était magnifique. Miwa avait recouvert les tatamis de carton tapissé de fausse fourrure et les portes de placard coulissantes de tissu à damier avant d'y accrocher des photos d'actrices célèbres. Il avait installé des rideaux roses faits maison aux fenêtres et personnalisé la commode, la platine tourne-disque et d'autres objets avec de la peinture et des rubans. Sur les photos, le studio ressemble plus à la chambre d'un luxueux palais baroque qu'à un appartement japonais traditionnel.

« Inutile de déménager ou de dépenser des fortunes pour avoir un bel intérieur plein de charme. Il suffit de faire preuve d'un peu d'imagination et de créativité pour le redécorer. » Les mots de Miwa continuent de m'encourager et de m'inspirer.

La première fois que j'ai lu ce livre, j'étais étudiante. Miwa avait été invité à prendre la parole dans notre université et, en tant que membre du club de journalisme, j'ai eu la chance de l'interviewer.

Je n'avais jamais rencontré une telle personnalité. Il a aspergé la salle de parfum à la rose avant notre arrivée et s'est exprimé dans un langage extrêmement éloquent et courtois. J'étais tellement impressionnée par sa présence que je n'oublierai jamais cette expérience. *C'est donc ça, la vraie vie ?* me suis-je dit.

J'étais encore étudiante, mais j'avais déjà commencé à travailler comme coach en rangement et j'avais remarqué que l'atmosphère de chaque maison semblait correspondre à la personne qui l'habitait. Curieuse de voir dans quel genre d'endroit Miwa avait vécu, je me suis procuré son livre.

Depuis, après avoir observé de nombreux modes de vie, le point commun que j'admire le plus dans les maisons que j'ai visitées n'est certainement pas l'espace. Ce n'est pas non plus le luxe du mobilier. C'est plutôt l'aspiration de chacun à vivre dans un certain type d'espace. Cette aspiration se manifeste par la volonté de ne pas ménager ses efforts pour réaliser son rêve, de ne rechercher et de ne choisir que les objets que l'on aime vraiment, jusqu'à l'élément de rangement le plus insignifiant. On la retrouve dans la passion pour la rénovation des objets et dans le respect et l'attention portés à la maison et à son contenu.

Parler de *désir* peut sembler exagéré, mais le refus d'abandonner sa vision se double d'une passion et d'une affection profonde pour sa maison.

Je vous invite donc à ne pas renoncer à la maison de vos rêves. Ne cessez jamais d'imaginer votre intérieur et votre style de vie idéaux. Surfez sur Internet et feuilletez des livres et des magazines de décoration à la recherche de photos de superbes demeures ou même de magnifiques chambres d'hôtel dans le monde entier. Passez du temps à les admirer en visualisant le type d'intérieur qui vous apporterait de la joie. Et ne vous découragez pas en comparant la maison de vos rêves à votre réalité.

Quand j'étais beaucoup plus jeune, j'avais l'habitude de regarder avec mélancolie les photos de maisons de célébrités. J'enviais leur vie, convaincue que je ne pourrais jamais avoir une telle maison. Je me sentais si frustrée que je ne pouvais pas ressentir la joie que ces photos m'inspiraient naturellement. Regarder des photos de belles maisons est un excellent moyen d'apprendre quel type d'intérieur vous apporte de la joie et d'aiguiser votre sensibilité à la joie. Il est important de penser positif. Débarrassez-vous de la tendance à vous comparer aux autres ou à vous dénigrer. Cherchez plutôt des indices dans vos réactions instinctives, que ce soit à la couleur d'un mur ou à une idée d'aménagement que vous aimeriez essayer.

Sentez-vous libre d'imaginer la maison de vos rêves et laissez votre cœur s'emplir de joie.

Ne vous inquiétez pas. Avec un peu d'effort et d'inventivité, vous pourrez transformer l'espace dans lequel vous vivez actuellement.

Que souhaitez-vous réellement mettre en ordre ?

Alors, dites-moi. Pourquoi avez-vous décidé de faire du tri ?

À cette question, beaucoup parlent de leur désir de désencombrer leur intérieur. « Je veux une maison organisée », disent-ils. Ou « Je veux mettre moins de temps à trouver mes affaires. »

Ces réponses n'ont rien de surprenant. Après tout, le rangement est très concret.

Mais si vous souhaitez profiter de la magie du rangement, vous devez d'abord répondre à quelques questions.

Je commence toujours mes séances de rangement en posant les questions suivantes :

Saviez-vous ranger quand vous étiez enfant ?

Quel genre de métier faites-vous ?

Pourquoi avoir choisi ce métier ?

Que faites-vous pendant vos jours de congé ?

Quand avez-vous commencé à le faire ?

Qu'aimez-vous le plus faire ?

Je peux consacrer jusqu'à une heure à ces sujets avec un client, même si certains semblent sans intérêt. Ce n'est pas de la simple curiosité. Chacune de ces questions est un élément clé du processus de rangement.

Lorsqu'un client trie une catégorie particulière, comme les vêtements ou les livres, il est fréquent qu'il arrive un moment où il ralentit et peine à poursuivre. Certains ne peuvent se résoudre à se débarrasser du moindre de leurs vêtements. D'autres se sentent obligés de conserver plus de produits d'entretien que nécessaire. Telle une contracture musculaire, ces sujets sont des points de blocage dans le processus de rangement.

Ils correspondent toujours à un blocage dans un aspect de la vie, par exemple dans les relations ou le travail. Pour certains, la cause profonde peut être l'ennui au travail. Pour d'autres, ce peut être une incapacité à pardonner à leur mère un événement du passé, ou un besoin de discuter d'un sujet avec leur conjoint ou partenaire sans avoir le courage de l'aborder.

Les questions que je pose en début de séance ont pour but de défaire ces nœuds dans la vie de mes clients. Certains n'ont même pas conscience de leur existence. À ce stade, je ne donne pas de conseils et je n'imagine pas de solutions. Je me contente de poser des questions et d'écouter les réponses.

Une réflexion même rapide sur les aspects de notre vie dans lesquels nous n'avons pas encore mis de l'ordre peut considérablement accélérer le rangement. Elle nous aide à comprendre notre incapacité à nous débarrasser de certains objets. Le rangement peut ensuite se poursuivre plus en profondeur. Toutes nos façons d'aborder nos objets, nos relations, notre travail et notre style de vie sont interconnectées. Le plus efficace est donc de s'attaquer aux blocages sous deux angles : nos objets et notre moi profond.

Mettre de l'ordre signifie s'occuper de toutes les « choses » de notre vie. Que souhaitez-vous vraiment ranger ? Prenez le temps de vous reposer cette question.

La méthode KonMari

Si vous avez lu l'un de mes livres, vous connaissez la méthode de rangement KonMari. Vous l'avez même peut-être déjà testée ! Le principe est de passer en revue toutes vos possessions et de les classer par catégories dans l'ordre suivant :

vêtements

livres

papiers

***komono* (objets divers et variés)**

objets sentimentaux

Commencez par rassembler tous les objets d'une même catégorie au même endroit. Puis touchez chacun d'eux en vous demandant s'il vous inspire de la joie. Si c'est le cas, gardez-le sans hésiter. Sinon, débarrassez-vous-en. Cette méthode change tellement votre état d'esprit que plus jamais vous ne retombez dans le désordre. Je parle de « festival du rangement ». Cet événement majeur transforme votre vie et mérite d'être célébré. C'est aussi l'occasion de remercier et d'honorer les objets qui vous ont procuré de la joie, mais qui appartiennent au passé.

Mais comment savoir ce qui procure de la joie et ce qui n'en procure pas ? Regarder un objet ne suffit pas. Il faut le prendre et le tenir dans ses mains. Lorsque vous touchez un objet qui vous apporte de la joie, vous le savez presque instinctivement.

Vous pouvez ressentir un frisson d'excitation, un élan de bonheur ou un relâchement des tensions. Si vous rangez, c'est parce que vous souhaitez mener une vie heureuse et épanouie. Il est donc naturel de se demander si les objets que vous gardez vous procurent de la joie. Réfléchir à ce que vous voulez conserver dans votre vie, c'est réfléchir à la vie que vous désirez mener.

Au fur et à mesure que vous progresserez dans votre démarche de rangement, vous verrez plus clairement ce que vous devez garder et ce que vous devez laisser partir, ce que vous voulez continuer à faire et ce que vous devez arrêter de faire. Ces décisions demandent beaucoup de courage. Ayez confiance en vous. Une fois que vous aurez appris à ne choisir que ce que vous aimez le plus, vous réussirez à mener une vie qui procure l'étincelle du bonheur. Peu importe ce que disent les autres, ayez confiance dans ce que vous avez choisi de garder. Si vous chérissez ce que vous conservez, vous vivrez entouré de trésors. Prendre soin de ce que l'on aime, c'est être à l'écoute de soi et prendre soin de soi.

Le rangement vous angoisse-t-il ?

« Je n'ai pas rangé aujourd'hui. »

« À ce rythme, je n'aurai jamais fini. »

« Il faut que je me débarrasse de plus de choses. »

« Je dois tout simplement faire du tri. »

Vous sentez-vous dépassé par le rangement ? Êtes-vous obsédé par l'idée de vous débarrasser de vos objets ou paniquez-vous à l'idée de n'avoir jamais une maison organisée ? À en juger par les messages que je reçois, c'est le cas de beaucoup de monde. Et c'est bien dommage.

Ranger doit nous donner la liberté de savourer chaque jour. Mais si nous oublions pourquoi nous rangeons, si nous perdons de vue le style de vie que nous recherchons ou le stade où nous en sommes dans le rangement, nous négligeons notre sentiment de joie.

Si c'est votre cas, il n'y a pas lieu de paniquer.

Je me retrouve souvent dans cette position dans d'autres domaines que le rangement. J'aime mon travail, mais il m'arrive d'avoir un emploi du temps si chargé que je me sens épuisée ou angoissée malgré des relations épanouissantes. Il m'arrive aussi de m'énerver sur des sujets qui ne me dérangeraient jamais en temps normal. Après la naissance de notre premier enfant, je me suis d'abord efforcée de concilier l'éducation, l'entretien de la maison et le travail. J'ai fini épuisée. En tant que professionnelle du rangement, je me mets parfois la pression en me disant que ma maison doit toujours être en ordre.

Dans ces moments-là, j'ai appris à faire une pause et à renoncer à la perfection.

Si vous observez que vous manquez de temps ou d'espace émotionnel, je vous conseille de lâcher prise sur quelque chose. Le secret ? Décider ce qui est le plus important pour vous un jour donné. Dans mon cas, c'est que mes enfants soient en bonne santé et heureux et que je ne sois pas épuisée. S'il y a des jouets qui traînent, mais que je suis trop fatiguée pour m'en occuper tout de suite, je me dis que je peux très bien aller me coucher sans les ranger. À l'inverse, si le désordre dure depuis si longtemps qu'il commence à me déranger, je réorganise mon emploi du temps et je me réserve une journée pour remettre de l'ordre. Lorsque je me sens tellement dépassée que je ne sais plus par où commencer, je prends le temps de noter tout ce qui me préoccupe.

Mon mari et moi faisons chaque jour le point sur notre emploi du temps. Nous notons en détail tout ce que nous avons à faire ce jour-là et le lendemain, y compris des tâches aussi infimes que faire une machine et faire tourner le sèche-linge. Cette liste me permet de ne rien oublier, et chaque fois que je coche un élément une fois qu'il est terminé, j'ai le sentiment d'avancer. Si tout n'est pas coché à la fin de la journée, ce n'est pas grave. Il est préférable de savoir clairement ce qui reste à faire plutôt que de s'angoisser d'avoir oublié quelque chose ou d'être frustré chaque fois que je passe devant une pièce qui a besoin d'être rangée.

Faire des listes m'aide à m'organiser, mais aussi à faire le tri dans mes sentiments. J'ai pris cette habitude il y a plusieurs années. Dans les moments où j'avais du mal à rester calme, où je n'arrivais

pas à pardonner à quelqu'un et où les idées se bousculaient dans ma tête et accaparaient mon attention, je m'asseyais à mon vieux bureau datant de l'université, devant mon ordinateur, et je déversais mes pensées dans un flot de mots, rassurée par le fait que personne d'autre que moi ne les lirait jamais.

Si vous avez du mal à cerner vos idéaux, si vous vous heurtez à un blocage ou si les mots se bousculent dans votre tête, essayez d'écrire à la main, dans un lieu où vous ne serez pas interrompu comme un café tranquille ou un banc dans un parc.

Personnellement, j'écris dans un carnet, un agenda ou sur des bouts de papier au hasard, selon le but recherché. Pour noter des pensées qui ne m'apportent aucune joie, je préfère le côté vierge d'un prospectus ou autre document imprimé destiné au recyclage. Je ne me sens pas obligée d'avoir une belle écriture, comme dans un carnet.

Quelle que soit la méthode que vous choisissez, les mots que vous écrirez vous révéleront certainement des sentiments dont vous n'aviez pas conscience et leur origine. Parfois, ils vous feront rougir d'embarras ou rayonner de plaisir. C'est un peu comme rassembler toutes ses affaires au même endroit pour un festival du rangement, vous ne trouvez pas ?

Donc, si le rangement commence à vous stresser, faites une pause. Préparez-vous une tasse de thé et prenez le temps de contempler votre style de vie et les objets qui vous entourent. N'oubliez pas : le véritable objectif du rangement n'est pas de réduire le volume de vos possessions ou de désencombrer votre intérieur. C'est de susciter la joie au quotidien et de mener une vie heureuse.

Vous êtes-vous fixé une date limite pour le rangement ?

Rangez rapidement et d'une traite. C'est la clé de la méthode KonMari. On me demande souvent : « Qu'est-ce que vous entendez par "rapidement" ? »

La réponse dépend de chacun.

Certains peuvent avoir fini en une semaine, d'autres avoir besoin de trois voire six mois. L'important est de décider d'une date de fin. Sans une échéance claire, la nature humaine nous pousse à procrastiner indéfiniment.

Je suis gênée de l'admettre, mais j'ai moi-même tendance à remettre l'écriture à plus tard. Prenez mon premier livre, par exemple. Le projet a débuté par une réunion dans les bureaux de l'éditeur. J'ai parlé rangement pendant deux heures, expliquant à l'éditeur comment s'y prendre et en quoi la vie pouvait devenir tellement plus agréable. Il semblait totalement convaincu et m'a suggéré de commencer par écrire tout ce qui me venait à l'esprit. J'ai donc commencé sans délai précis.

Arrivée chez moi, le flot d'idées passionnantes semblait s'être tari. Le rangement, c'est ma vie. Devoir m'asseoir devant un ordinateur et taper sur le clavier était une torture. Je trouvais une excuse après l'autre pour ne pas le faire.

Deux semaines plus tard, j'ai envoyé un mail à mon éditeur pour m'excuser de ne pas avoir écrit un seul mot. Je ne m'étais jamais sentie aussi mal.

Par la suite, j'ai demandé à mon éditeur de me fixer des délais à court terme, ou je les ai fixés moi-même et je les lui ai annoncés. Pour être honnête, j'ai encore tendance à écrire à la dernière minute, mais au moins je ne repousse plus l'échéance indéfiniment.

Contrairement à moi, le rangement n'est pas votre métier. Donc, si ce n'est pas encore fait, vous devriez vous fixer une échéance.

Si vous avez du mal à vous motiver tout seul, essayez d'en parler à vos amis ou à votre famille. Vous pouvez même annoncer sur les réseaux sociaux votre intention de terminer le rangement d'ici à la fin de l'année. Ce n'est peut-être pas aussi contraignant qu'une échéance professionnelle, mais l'idée que votre entourage se demande comment ça se passe vous motivera à vous lancer et vous aidera à aller jusqu'au bout.

L'une de mes clientes a terminé ses rangements à vitesse grand V parce que son échéance était la fin de son congé de maternité. Elle allait si vite que ses mains s'agitaient avec fébrilité à mesure qu'elle murmurait tour à tour « Tu apportes de la joie » et « Merci ». À quelques jours de l'échéance, alors que l'heure tournait, elle a insisté pour que nous déjeunions dans un restaurant indien à quinze minutes de marche de chez elle. « Quand mon congé sera terminé, je ne pourrai plus manger ici », a-t-elle dit. Je craignais que ce déjeuner ne lui fasse perdre un temps précieux, mais elle a réussi à finir dans les temps. Une échéance ferme nous aide à nous concentrer et à être plus productifs. C'est dans la nature humaine.

Et vous, quand souhaitez-vous terminer votre festival du rangement ? Ouvrez votre agenda et écrivez « Dernier jour de rangement » à la date fixée. Oui, maintenant.

Quand allez-vous commencer à ranger ?

Quand allez-vous commencer ? Quand allez-vous finir ?

Ces questions se ressemblent, mais elles sont très différentes. Les réponses de mes clients en sont la preuve. Leur visage rayonne lorsqu'ils me disent quand ils comptent finir. « D'ici au Nouvel An. Mon objectif est de devenir un tout nouveau moi et de me marier l'année prochaine ! » « Avant mon anniversaire ! Et quand j'aurai fini, je fêterai ça. Je vais m'offrir un bouquet de fleurs et un service à thé et me poser en prenant une tasse de thé. » Ils notent fièrement « Dernier jour de rangement ! » dans leur agenda. Leurs yeux brillent lorsqu'ils décrivent la vie d'après.

Mais lorsque je leur demande « Quand commencez-vous ? », les réponses ressemblent à ceci :

« Hum… eh bien, ce mois-ci, je suis pris tous les week-ends. Et cet été, j'ai prévu de voyager… »

« Voyons… J'ai un jour de libre, mais la veille j'ai une soirée et je serai probablement trop fatigué. Hum. Et ce jour-là, je pense aussi sortir le soir. »

Ils me lancent des regards d'excuse en faisant des allers-retours entre leur agenda et moi.

La raison est évidente : penser à la fin, c'est rêver à l'avenir, tandis que penser au début, c'est bien réel. Il est donc parfaitement logique qu'il soit beaucoup plus difficile de décider quand commencer.

Je vois parfois mes clients noter les dates de nos séances dans leur agenda mural. Je suis contente quand ils écrivent par exemple « Séance de rangement ! Tu vas y arriver ! ». Mais je suis déconcertée quand je découvre un point d'exclamation dans un grand triangle ou même une tête de mort. J'ai l'impression d'être un danger et non une coach en rangement. Quand je leur demande pourquoi ils font ça, ils répondent qu'ils ne savent pas ce qui les attend ou qu'ils savent qu'ils n'ont pas le choix. Parfois, leurs réactions sont si extrêmes que j'en lâche presque mes sacs-poubelle.

Démarrer le rangement exige généralement de l'engagement et des efforts.

SUNDAY
MONDAY
TUESDAY
WEDNESDAY
THURSDAY
FRIDAY
SATURDAY
Tidy!

Bien sûr, certains se lancent dès qu'ils en ont envie et se demandent quels vêtements leur donnent de la joie sans y réfléchir à deux fois. Mais ils sont rares. La plupart de mes clients doivent éplucher leur agenda à la recherche de dates possibles. Ils réorganisent leur emploi du temps, posent des congés ou annulent des rendez-vous pour libérer du temps. Souvent, ils rangent jusqu'à 2 heures du matin voire toute la nuit avant une séance. Le lendemain, en apercevant leur visage blafard et ensommeillé, je dois me retenir de dire : « Mais vous avez eu un mois entier depuis la dernière séance ! Pourquoi ne pas avoir commencé plus tôt ? » Mais je passe moi-même une nuit blanche quand j'ai un manuscrit à rendre. Il est assez courant de remettre les choses à la dernière minute !

Je vous encourage donc à franchir le pas dès maintenant, si ce n'est déjà fait. Mettez de côté vos excuses et ouvrez votre agenda. Je vous le promets : le rangement a toujours une fin. Et vous n'êtes pas seul. Partout dans le monde, nombreux sont ceux qui, comme vous, s'y attellent.

Alors, quand allez-vous commencer ?

Les conseils de Marie

Mon partenaire est désordonné et je n'arrive pas à garder la maison en ordre. Aidez-moi !

Si vous vivez avec quelqu'un, que ce soit votre partenaire ou votre famille, la solution pour garder votre maison en ordre est de vous assurer que chaque objet a une place bien définie. Le plus important est de savoir instantanément où tout se range. Si ce n'est pas clair, si cet emplacement change fréquemment ou si vous n'êtes même pas sûr de la place de chaque objet, essayer de convaincre les autres de ranger sera long et difficile.

Je conseille d'identifier les espaces que vous contrôlez totalement et de les ranger minutieusement. Que ce soit un placard, une bibliothèque, une pièce ou un espace réservé à vos activités personnelles, ce sont des espaces où vous pouvez toujours mettre de l'ordre. Commencez par là pour vous familiariser avec les principes fondamentaux du rangement et trouver une certaine tranquillité d'esprit. Puis, commencez à réfléchir aux espaces communs. Beaucoup font l'inverse et essaient d'abord d'arranger les espaces qui appartiennent aux autres. Si c'est votre cas, prenez le temps de vous demander : « *Mon* espace est-il parfaitement rangé ? »

Il est difficile de changer les autres. Par contre, nous *pouvons* nous changer. L'objectif du rangement étant de créer un style de vie qui procure de la joie, il est important de commencer par soi-même et de mettre de l'ordre dans son propre espace. Si vous vivez avec quelqu'un, fermez les yeux sur son désordre pendant votre effort de rangement. Vous ne pourrez éprouver le plaisir de ranger que si vous avez pris le temps de mettre de l'ordre dans votre propre vie.

Une fois que vous aurez découvert que le rangement est une expérience agréable et non une corvée pénible et énervante – une fois que vous pourrez vraiment mettre en pratique ce concept –, vous dégagerez une nouvelle énergie. Ceux qui partagent votre vie se mettront progressivement à ranger eux aussi. Le rangement semble faire des émules. J'en ai fréquemment été témoin.

Le moment où ce déclic se produit dépend de chacun. Chez certains, il se produit dès qu'ils commencent à ranger. Chez d'autres, il peut arriver six mois après la fin du rangement. Mais il finit invariablement par arriver, et chacun se met alors à ranger de son plein gré.

Le lien entre le rangement et la famille n'est ni superficiel ni à court terme. Rappelez-vous que l'idée est de créer un style de vie qui donne de la joie à toute la famille et attendez le bon moment pour partager votre vision de ce que pourrait être ce style de vie avec les êtres qui vous sont chers.

Et si tout apporte de la joie ?

Si vous avez vraiment l'impression que tout ce que vous possédez apporte la joie, c'est merveilleux ! Dans ce cas, changeons de postulat de départ. Inutile de se débarrasser de quoi que ce soit. L'important est que vous chérissiez chacun de vos objets et que vous vous sentiez bien et heureux chez vous.

Si chaque objet continue de susciter de la joie après le tri, je vous recommande d'améliorer vos rangements. Trouvez des solutions qui vous font plaisir. Par exemple, identifiez plus clairement les catégories et choisissez soigneusement un emplacement pour chaque objet. Rangez les objets à la verticale et disposez-les de manière que vous ayez plaisir à ouvrir vos tiroirs. Amusez-vous à explorer la meilleure façon de ranger tous ces objets que vous aimez et chérissez.

Je ne compte plus le nombre de personnes qui insistent pour ne rien jeter, car « tout leur procure de la joie » et qui découvrent finalement que ce n'est pas totalement vrai. En suivant la méthode KonMari, qui consiste à rassembler toutes leurs affaires par catégorie et à tenir chaque objet dans leurs mains, elles se rendent compte que certaines ne leur procurent plus aucun enthousiasme – même leur collection préférée. Peu importe le nombre de ces objets, c'est le processus de réévaluation de ce que nous aimons et de ce que nous n'aimons pas qui est important. Lui seul nous permet de créer les conditions pour que tous nos objets inspirent réellement et véritablement la joie. Si vous pensez que tout vous apporte de la joie alors que vous n'avez fait que survoler le rangement au lieu de vous immerger, vous n'avez peut-être pas une vision complète de tout ce que vous possédez.

Pour savoir si toutes vos affaires vous apportent de la joie, demandez-vous si vous êtes heureux et satisfait quand vous êtes chez vous. C'est un excellent indicateur.

CHAPITRE 2

Un dialogue avec sa maison et ses objets

Dans ce chapitre, vous partirez à la découverte de votre rapport à votre maison et à vos objets. Réfléchir aux souvenirs et aux sentiments que vos affaires vous inspirent vous aidera à approfondir votre maîtrise du rangement.

Si votre maison était une personne, quel type de personne serait-elle ?

Chaque maison a sa personnalité et son caractère.

Mes clients sont souvent perplexes quand je dis cela, mais des jours et des années passées à visiter d'innombrables maisons ont achevé de m'en persuader, même si je ne peux pas l'expliquer.

Certaines maisons sont féminines, d'autres masculines ; certaines sont jeunes et dynamiques, d'autres sereines et en pleine maturité. Certaines sont exubérantes, d'autres calmes. Certaines évoquent des images nettes et précises. Chacune a son caractère et son style de communication.

Lorsque j'entame de nouveaux rangements, je commence toujours par me familiariser avec la maison de mon client. Ma méthode est simple : je lui dis « Bonjour » et je lui demande de nous soutenir pendant le festival du rangement. Le sentiment qu'elle me renvoie me donne une idée de sa personnalité. Je n'essaie pas d'analyser ou de classer les maisons par catégories. Je cherche simplement à me faire une idée de chacune d'entre elles, de la même manière que nous jaugeons une personne au cours d'une conversation.

Vous vous demandez peut-être à quoi sert de connaître la personnalité d'une maison. La réponse est : à rien. Mais si j'établis dès le départ une bonne connexion avec une maison, elle me guidera par exemple pour trouver où ranger certains objets.

J'ai la conviction que les maisons sont bienveillantes. Si quelque chose me tracasse au travail, ma maison semble m'envelopper d'une douce étreinte à mon retour. Et souvent, le lendemain matin, mes problèmes ont disparu.

Pourquoi ne pas essayer de dire bonjour à votre maison et voir ce qui se passe ?

Vos affaires peuvent-elles respirer ?

Des vêtements entassés dans le placard. Des livres et des magazines empilés au hasard par terre. Des *komono* sur la bibliothèque ou la commode. Avez-vous des objets qui manquent d'air ? Écoutez attentivement ce que chacun d'eux essaie de vous dire. Si vous vous demandez comment faire, essayez la méthode du « seul en scène ». Pour commencer, éteignez la musique, puis regardez attentivement la pièce. Si un objet attire votre attention, essayez d'imaginer ce qu'il ressent et faites entendre sa voix. Prononcez les mots qui vous viennent à l'esprit. Par exemple, « Je croule sous son poids » ou « S'il te plaît, remets-moi dans le tiroir », ou même « J'aime bien. C'est très libérateur ». En vous mettant à leur place, vous commencerez à les comprendre.

Après avoir endossé le rôle de dix ou vingt objets et avoir réellement joué la comédie, vous aurez probablement fait d'importantes découvertes. Certains de vos objets vous disent peut-être comment ils souhaitent être rangés. D'autres vous annoncent que leur rôle dans votre vie est terminé. Vous pourriez même avoir un éclair d'inspiration et découvrir ce que vous devez faire demain ou ce que vous voulez faire dans la vie.

Tous vos objets souhaitent vous rendre la vie plus facile. Demandez-vous comment leur offrir un espace plus confortable. C'est l'essence même du rangement. Ce rituel sacré consiste à trouver la bonne place pour chaque objet. Pour bien faire, vous devez vous mettre dans la peau de chacun. Vous comprendrez alors que le rangement n'est pas un ensemble de méthodes de stockage, mais plutôt un processus d'amélioration de votre communication avec les objets de votre vie.

Parmi tous vos objets, quels sont ceux que vous chérissez depuis le plus longtemps ?

Parmi vos objets, lesquels affectionnez-vous depuis longtemps ? Cherchez-en un que vous gardez à portée de main et que vous utilisez tout le temps – pas un oublié que vous venez de retrouver.

J'affectionne particulièrement une boite à couture offerte par mes parents à Noël, alors que j'étais en CP. Bien qu'abîmée et que la fermeture ait été cassée puis réparée, j'aime sa couleur de bois et ses motifs fleuris sculptés. Elle a été témoin de toutes les joies et de tous les chagrins de ma vie. C'est un peu embarrassant de penser qu'elle m'a vue dans mes pires moments comme dans les meilleurs, mais c'est aussi rassurant. C'est comme une vieille amie à qui je peux tout confier. Je me sens parfaitement à l'aise en sa présence. Je sais qu'elle m'accepte telle que je suis, avec tous mes défauts.

Si, vous aussi , vous avez un tel objet, prenez-le dans vos mains, caressez-le affectueusement et demandez-lui de continuer à vous soutenir. S'il est resté avec vous tout ce temps, c'est la preuve qu'il a soigneusement veillé sur vous. L'heure n'est-elle pas venue de lui rendre la pareille ?

Lorsque nous prenons conscience de l'amour que nous portons à un objet qui nous est précieux, notre relation devient plus forte, ce qui renforce nos liens avec les autres objets de notre vie et fait ressortir le meilleur d'eux et de nous-même.

Y a-t-il des objets que vous aimez et que vous gardez sans savoir pourquoi ?

Lorsque je demande à mes clients s'ils ont déjà eu l'impression que le destin les avait guidés vers un objet particulier, deux scénarios se présentent généralement : soit ils ont ressenti un choc au moment où ils ont posé les yeux sur lui, comme un gong qui retentirait dans leur tête, soit ils ont lentement pris conscience qu'ils l'utilisaient encore, vingt ans après. Ce dernier cas de figure m'intrigue.

Interrogés sur leur première rencontre avec ce type d'objets, mes clients se montrent étonnamment désinvoltes. « Je ne me souviens pas depuis quand je l'ai » ou « Je l'ai acheté sur un coup de tête », me répondent-ils. La première fois que j'ai entendu ce genre de réponse, j'étais encore étudiante et je venais de lancer mon activité de coach en rangement. Nourrie de séries télé et de mangas, je croyais qu'attirance rimait avec « coup de foudre ». J'ai été surprise d'apprendre que ce n'est pas toujours le cas.

Je me suis alors demandé si je ne possédais pas moi même un objet qui m'était destiné sans que je le remarque. Après réflexion, j'ai réalisé que j'en avais un : mon agenda.

J'ai utilisé le même type d'agenda entre le collège et mes 30 ans – soit pendant plus de quinze ans. À l'époque, mes anciens camarades de classe étaient surpris par ma constance. Il était en format de poche, à peu près de la taille d'une cassette. C'était un modèle extrêmement simple. Chaque mois tenait sur une seule page. Mais les couleurs et les illustrations amusantes me mettaient en joie.

Aujourd'hui, j'utilise un agenda plus grand parce que mon emploi du temps est tout simplement trop chargé pour tenir dans un si petit carnet, mais ce premier modèle me correspondait tellement bien à l'époque que je suis convaincue que ma rencontre avec lui était le fruit du destin. Et pourtant, je n'ai aucun souvenir du jour où je l'ai trouvé.

J'ai compris alors que la première impression que nous fait un objet ne reflète pas toujours la place qu'il va occuper dans notre vie. Et je me suis demandé si c'était vrai aussi de notre rencontre avec notre « âme sœur ». J'ai donc commencé à interroger mes clients sur leur rencontre avec leur partenaire en utilisant comme prétexte un objet sentimental trouvé au fond d'un placard ou d'un tiroir. Un nombre surprenant d'entre eux m'ont répondu des choses comme : « Nous travaillions au même endroit », « Avant que je m'en rende compte, le temps a passé et nous étions toujours ensemble » ou encore « Il ne m'a pas vraiment fait forte impression à l'époque ». Beaucoup ajoutaient : « Mais notre relation semble si naturelle, maintenant. »

Avec Takumi, mon mari, la relation a également évolué lentement. Nous nous sommes rencontrés lors d'un forum pour l'emploi des étudiants quand nous étions tous les deux à l'université. Par la suite, nous avons continué à nous voir de temps à autre, une ou deux fois par an, pendant environ huit ans.

Pour mesurer la profondeur du lien qui nous unit à certaines personnes ou à certains objets, il faut se demander si nous sommes bien assortis plutôt que de s'interroger sur l'effet qu'ils produisent sur nous lors de notre première rencontre.

L'un de vos objets a-t-il fait tilt dès que vous l'avez vu ?

Certains objets font tilt dès que nous posons les yeux sur eux. Nous reconnaissons instantanément qu'ils nous correspondent parfaitement. C'est comme s'ils avaient été faits pour nous ou qu'ils nous criaient : « Emmène-moi chez toi ! »

L'expérience m'a montré que ces objets sont divers : ce peut être un objet qui se porte ou se transporte, comme un sac en cuir blanc ou une paire de boucles d'oreilles en jolies pierres bleues, ou encore une tasse, un canapé ou même une plante. Certains de mes clients n'achètent que s'ils ont le déclic. Mais inutile d'être autant à l'écoute de cette étincelle du bonheur pour avoir un « coup de foudre » devant un objet.

Quand j'étais à l'université, j'ai eu un coup de foudre devant un tableau lors d'un voyage en famille. Je suis entrée par hasard dans un magasin et au fond j'ai aperçu une peinture inspirée d'*Alice au pays des Merveilles*. La composition était si parfaite que j'ai été captivée. Pendant trente minutes, je me suis demandé si je devais l'acheter. J'entrais et sortais du magasin jusqu'à ce que je finisse par me décider. Lorsque je suis rentrée chez moi et que je l'ai accroché au mur, j'ai eu l'impression que ma chambre était enfin parfaite. Je n'avais jamais vécu une telle expérience. Pourtant, cette belle rencontre ne m'a pas empêchée de me séparer du tableau. Un jour, une cliente m'a dit que sa fille adorait *Alice au pays des Merveilles*, et j'ai décidé de le lui offrir. Cinq années s'étaient écoulées depuis l'achat et, pour une raison que j'ignore, je pensais que son rôle dans ma vie était terminé. Mais une fois le tableau parti, un événement étrange s'est produit : il est apparu dans mes rêves.

Au début, je pensais à une simple coïncidence, mais il revenait presque toutes les nuits. Au bout d'une semaine, ma mère m'a appelée. « Marie, m'a-t-elle dit, tu as toujours ton tableau d'Alice, n'est-ce pas ? »

— Quoi ? Euh…

— J'en rêve toutes les nuits depuis quelques jours. Il doit beaucoup compter pour toi. Prends-en bien soin, d'accord ? »

Quand nous avons raccroché, j'ai décidé que mon rêve récurrent n'était pas un hasard et j'ai téléphoné à ma cliente. Quand elle a appris ce qui s'était passé, elle a été ravie de me rendre le tableau. Je n'ai toujours pas compris ce que mon rêve essayait de me dire, mais juste après ma carrière a pris un nouveau tournant et les choses ont commencé à avancer tout doucement. C'était comme si ce tableau veillait sur moi.

Depuis, je ne m'en suis jamais séparée. Je l'ai emporté avec moi lorsque je me suis mariée et lorsque nous nous sommes installés aux États-Unis. Chaque fois que je le regarde, il m'inspire de la joie, mais aussi un profond sentiment de paix et de sécurité.

Les objets qui font tilt viennent à nous au moment opportun. Et même si nous nous en séparons temporairement, ils reviennent toujours. Ces rencontres sont vraiment magiques, n'est-ce pas ?

CHAPITRE 3

Visualisez votre maison idéale

Dans ce chapitre, vous allez visualiser votre maison idéale, pièce par pièce. Pour chacune, vous découvrirez des exemples de style de vie qui vous aideront à imaginer votre propre idéal. Ils viennent de moi ou de mes clients.

Votre entrée est le visage de votre maison, son lieu le plus sacré.

Franchir le seuil de la porte d'entrée doit nous donner envie de pousser un soupir de soulagement et de satisfaction. Lieu propre et soigné, l'entrée doit être accueillante. Les invités doivent s'y sentir heureux et bienvenus. Telle est ma vision de l'entrée idéale.

Toutes les chaussures, à l'exception d'une paire pour chaque membre de la famille, doivent être soigneusement rangées dans une armoire ou un placard, l'air délicatement parfumé et le regard attiré sur un point focal comme un tapis, un cadre ou des fleurs, changeant selon la saison ou les fêtes comme Noël.

L'entrée de la maison d'une cliente m'a fait particulièrement forte impression. Au centre se trouvait une maquette de bateau fabriquée par son mari. À côté, elle avait disposé un magnifique ikebana de fleurs de saison. Une fois les enfants partis, le couple a progressivement ajouté des notes décoratives. Ils ont pris l'habitude de saluer leur maison tous les jours. Je me souviens encore de leurs visages souriants lorsqu'ils m'ont dit : « C'est un tel plaisir de rentrer à la maison et de pousser la porte d'entrée. »

Votre entrée est le visage de votre maison, son lieu le plus sacré. Le secret est une décoration simple.

Que souhaitez-vous voir en ouvrant la porte ? Qu'est-ce qui susciterait le plus de joie en entrant dans la maison ? Un parfum ? Un objet décoratif ? Vous aimeriez peut-être réorganiser et simplifier l'entrée en ajoutant des bancs ou en modifiant le rangement des chaussures.

JOHN LAUTNER

L’entrée de votre maison est comme la porte d’un sanctuaire

Même si cela vous parait inutile, je vous conseille de nettoyer votre sol avec un chiffon bien essoré. Je fais cela depuis le lycée, car j’avais lu dans un livre dont j’ai oublié le titre que cela attirait la chance. « L’entrée de la maison, pouvait-on lire, est comme le visage de son propriétaire. » Si elle est propre et lumineuse, vous augmentez le prestige de votre maison et vous faites venir la chance.

Au début, j’ai pris ces mots au pied de la lettre. *Je vois ! C’est mon père*, me disais-je. Et tandis que je frottais l’entrée, je m’imaginais lui nettoyer le visage. Mais cette idée me semblait tellement irrespectueuse que j’ai préféré ne penser à rien d’autre qu’au sol de l’entrée.

J’ai été surprise de voir l’état du chiffon, que je passais pourtant tous les jours. Regarde toute la saleté que nous ramassons en une seule journée, me disais-je. C’est ça, la vie ? Se débarrasser chaque jour de la poussière que l’on ramène à la maison et repartir à zéro le lendemain pour une nouvelle journée de travail ? La scène devait être plutôt comique. J’étais là, agenouillée dans mon uniforme de lycéenne, un chiffon à la main, à m’interroger sur le sens de la vie.

Lorsque j’ai commencé mon activité de coach en rangement, j’expliquais à mes clients ce que le livre disait à propos du nettoyage de l’entrée. « Oh, j’ai compris ! » m’a dit l’une d’elles. « C’est comme l’entrée d’un sanctuaire shinto. » Elle avait raison ! À une époque, j’ai travaillé à temps partiel dans un sanctuaire. J’y ai appris que le passage par la porte du sanctuaire nous nettoie de nos souillures et de nos malheurs. Lorsque nous franchissons l’entrée de notre maison, nous nous débarrassons nous aussi de toute la crasse accumulée dans la journée.

Une autre cliente a fait remarquer que nettoyer l’entrée l’aidait à chasser un sentiment de culpabilité et de honte. Elle prenait conscience du sentiment d’échec qu’elle avait lorsque son entrée était sale. (Vous remarquerez que ce geste a tendance à inspirer beaucoup de réflexions philosophiques.)

Avoir une entrée impeccable peut nous donner la confiance que procure la conviction de n’avoir rien à cacher, mais aussi nous inciter à respecter le caractère sacré de notre maison. Si ce petit espace est un lieu de purification de l’esprit, il est logique qu’une entrée propre porte chance. Au Japon, on dit que « le bonheur passe par la porte d’entrée ». Quand le sol est propre, l’air qui circule dans la maison semble plus léger. Souhaitez-vous faire de votre maison un lieu chargé d’énergie, comme un sanctuaire shinto ? Si oui, prenez l’habitude de nettoyer votre entrée tous les jours.

Faites de votre salon un lieu propice à la conversation.

Le salon est un espace de rencontre, de détente, mais aussi d'échanges animés. Dans le nôtre, nous avons aménagé un espace de jeu pour passer du temps avec les enfants avant ou après le dîner. Nous leur faisons la lecture et prenons plaisir à les regarder danser et chanter. Cet espace aide notre famille à créer des moments de joie. Nous avons également aménagé un coin spécial à côté de la télévision pour les photos, un autre pour exposer les travaux manuels de nos enfants et un dernier pour les décorations saisonnières, que nous changeons régulièrement, notamment au moment de Noël.

Lorsque les enfants sont à l'école, le salon devient un endroit précieux où je peux me détendre en buvant une tasse de thé. La télécommande, les journaux, les magazines, chaque chose a une place attitrée, et peut être rangée dans un meuble ou dans les tiroirs de la table basse, ou encore sur de jolis plateaux ou des paniers rectangulaires pour la télécommande. J'aime décorer le salon d'un bouquet de jolies fleurs, et ma plante d'intérieur préférée est toujours là, dans un coin. « Tu as l'air en pleine forme », lui dis-je chaque fois que je l'arrose. « Merci de purifier l'air. » Selon mon humeur, je mets de la musique classique ou du jazz et quand je m'accorde une pause dans mon travail, je m'installe sur le canapé et je me détends.

Les personnes satisfaites du bien-être ressenti dans leur salon ont souvent créé une petite galerie d'art personnelle composée de beaux

objets, comme des tableaux, bibelots ou bouquets de saison. Une cliente qui aimait tout ce qui brille a placé des attrape-soleil à la fenêtre, de grands cristaux et des objets en verre sur le meuble télé et un faiseur d'arcs-en-ciel solaires sur un mur. Son salon était un lieu enchanteur rempli toute la journée de doux reflets arc-en-ciel.

Mon salon idéal est un espace bien aéré où règne une atmosphère propice aux conversations joyeuses. Quel type de salon correspond à votre style de vie ? Quel endroit ou quelle décoration pourraient servir de point focal ? Comment organiser l'espace pour que chaque objet ait une place attitrée ?

La cuisine idéale est une cuisine où il fait bon cuisiner !

Je passe une grande partie de mes journées dans la cuisine. C'est là que je prépare les repas et que nous mangeons en famille. Les enfants aiment me regarder cuisiner. Même lorsqu'ils jouent dans la salle de jeux, dès que je commence à préparer, ils apparaissent et veulent m'aider. Ils sont certainement attirés par la cuisine parce qu'ils voient que je m'y amuse. Je leur demande de battre les œufs, de couper les légumes ou de vider le lave-vaisselle. Ce temps passé ensemble est une précieuse occasion de discuter.

J'ai une règle : ne jamais laisser traîner un objet sur le plan de travail près de l'évier ou des plaques, évitant les éclaboussures et laissant un plan de travail dégagé pour être nettoyé. Je limite au minimum le nombre de casseroles et de poêles dont je me sers et je les choisis faciles à utiliser et à entretenir.

Les ustensiles de cuisine sont rangés au même endroit. Le reste est classé par catégories, comme les plats, les poêles et les assaisonnements, qui doivent rester à portée de main. Je range les produits d'épicerie à la verticale et je vérifie régulièrement les dates de péremption. Les produits frais doivent être visibles d'un seul coup d'œil pour limiter les aliments périmés au fond du réfrigérateur. Les plats de conservation du même modèle donnent une impression d'ordre. Vous pouvez vous amuser à rechercher et à acheter progressivement des récipients au fil de vos envies.

Une fois son rangement terminé, l'une de mes clientes m'a fièrement montré un porte-essuie-tout en bois offert par son mari.

FAN

« Avant, j'adorais acheter le dernier gadget de cuisine dit-elle. Mais maintenant, je réalise qu'il suffit de remplacer un seul article par un autre que j'aime vraiment pour égayer ma journée. »

Ma cuisine idéale est propre, il fait bon y cuisiner et j'y passe d'agréables moments en famille.

Que souhaitez-vous retirer ou ajouter dans votre cuisine pour vous faciliter le travail ? Y a-t-il des ustensiles, de vieux torchons ou de la vieille vaisselle que vous pourriez renouveler pour prendre plus de plaisir à cuisiner ?

N'ayez pas qu'une vision pratique de votre espace de travail. Apportez une touche ludique.

Il est merveilleux d'avoir un espace de travail où les idées et l'inspiration circulent et où l'on avance rapidement et en douceur, n'est-ce pas ? Voyons quel type d'espace est idéal pour travailler, que vous ayez un bureau à vous ou que vous le partagiez avec d'autres.

Bien sûr, un bureau dégagé, des livres et des documents bien rangés sur des étagères par catégories sont préférables à des piles de papiers inutiles. C'est le meilleur moyen de voir d'un seul coup d'œil où tout se trouve. Tout ranger à la verticale, documents, stylos ou papiers à lettres, permet de mieux repérer les éléments des tiroirs. Ranger peut aussi nous inciter à adopter de nouvelles habitudes qui nous mettent en joie.

L'une de mes clientes a commencé par ranger sa maison avant de poursuivre sur son lieu de travail. Chaque jour, elle commence par faire la poussière sur son bureau et par parfumer son espace de travail à la menthe poivrée ou à la lavande, selon son humeur. À la fin de la journée, elle débranche son ordinateur portable, range le cordon à sa place et glisse l'ordinateur à l'endroit prévu à cet effet dans la bibliothèque, ne laissant que son téléphone sur son bureau avant de rentrer chez elle.

Si vous travaillez à la maison, ne vous limitez pas à une approche utilitaire, privilégiez aussi l'aspect esthétique de votre matériel et de votre espace. J'aime avoir une petite plante et un cristal

brillant sur mon bureau, des carnets aux couvertures amusantes et des classeurs dans mes couleurs préférées. J'ai un stylo fétiche avec lequel j'écris le plus souvent, et je ne garde que le strict minimum de crayons et de stylos de couleur, chacune ayant son utilité. Les parfums comme la menthe ou le pamplemousse m'aident à passer d'une tâche à l'autre. Si votre maison est aussi votre bureau, changer de parfum est aussi un excellent moyen de passer du mode travail au mode détente, de la même manière que vous n'écoutez pas la même musique au travail et pendant votre temps libre. Si votre table de cuisine ou de salle à manger est aussi votre bureau, je vous conseille de ranger vos affaires de travail sur un plateau ou dans un panier que vous placez hors de votre vue une fois la journée terminée pour pouvoir vous détendre sans penser à tout ce qui vous reste à accomplir.

Lorsque j'ai commencé à proposer des conseils en rangement aux États-Unis, j'ai été agréablement surprise par la personnalisation des bureaux et espaces de travail américains grâce à des photos de famille, par exemple.

Lorsque nous agrémentons notre bureau, l'espace lui-même suscite la joie. Pour cela, considérez votre manière de travailler. Prenez le temps de vous demander comment vous souhaitez commencer votre journée de travail et à quoi vous consacrez du temps : réunions, réflexion, lecture en quête d'inspiration ou collecte d'informations. Demandez-vous ensuite comment trouver un bon équilibre entre ces activités et établissez un planning en conséquence. Examinez les objets présents et demandez-vous s'ils vous aident à être productif et s'ils vous inspirent. Prendre le temps de réfléchir à notre approche du travail nous perception de notre idéal de vie professionnelle.

Votre chambre est une station de rechargement de votre énergie pour le lendemain.

Dans ma chambre idéale, le lit est confortable, les draps et les taies d'oreiller sont propres et l'atmosphère m'invite à remercier cette journée en me détendant et en m'endormant. J'ai choisi avec soin la lampe de chevet et les tableaux aux murs. Une douce musique classique ou relaxante passe en fond sonore et l'air est empli d'un délicat parfum de lavande ou de rose. Dans un soliflore, une fleur coupée apporte une note apaisante.

La première chose que l'une de mes clientes a changée après avoir fait du rangement, c'est son linge de lit. Après avoir longtemps utilisé des draps bleus, elle a sorti des draps roses retrouvés dans leur emballage d'origine au fond d'une armoire. Elle a eu envie de les laver plus fréquemment et a découvert qu'il était agréable de dormir dans des draps frais et qu'elle aimait vraiment la couleur rose.

« Maintenant, avant d'aller me coucher, m'a-t-elle dit, je regarde ma chambre et je remercie mentalement tout ce que je vois d'être là. »

J'évite de garder dans la chambre des objets qui émettent une lumière artificielle. Si la lumière émise par l'interrupteur d'une lampe ou le bouton d'une alarme est trop forte, je la cache quand je vais me coucher pour que l'éclairage de ma chambre soit aussi naturel que possible.

Quel bonheur d'avoir une chambre à coucher où vous pouvez chasser la fatigue de la journée et recharger vos batteries !

Et si la première chose que vous voyiez le matin vous procurait de la joie ? Lorsque nous nous réveillons, notre subconscient, qui prend le dessus pendant le sommeil, persiste un certain temps à côté de notre conscience, qui prend le dessus pendant nos heures d'éveil. Je vous conseille donc d'aménager votre chambre de manière à ce que les premières choses que vous apercevez vous inspirent des pensées et des sentiments positifs.

Si votre fenêtre donne sur un paysage magnifique comme la mer, c'est merveilleux. Mais même si votre chambre n'a pas de fenêtre, ou si elle donne sur le bâtiment voisin, ne vous inquiétez pas. Demandez-vous ce qui vous ferait le plus plaisir de voir en vous réveillant, puis aménagez l'intérieur de votre chambre en conséquence. Pour transformer votre chambre en « bulle de joie », il suffit d'identifier l'endroit que vous apercevez en premier et d'y placer un objet que vous aimez, que ce soit un bouquet de fleurs de saison, une plante d'intérieur ou une œuvre d'art. Placez-les sur votre table de chevet ou votre commode, installez une étagère ou accrochez votre tableau préféré ou un tissu à motifs.

Vous n'avez pas besoin d'en faire beaucoup. Aménagez votre chambre autour d'un point focal qui inspire la joie et transforme le réveil matinal en un moment de plaisir.

À quoi ressemble pour vous une chambre qui inspire le repos et la gratitude ? Où regardez-vous lorsque vous vous réveillez et que pourriez-vous y installer qui vous mettra en joie dès que vous ouvrirez les yeux ?

Organisez vos placards pour vous remonter le moral.

Prendre soin de ses vêtements en pleine conscience change notre rapport à eux et procure de la joie jour après jour. Si votre placard déborde au point d'en redouter l'ouverture de la porte, pliez vos vêtements : ce geste simple résout presque tous les problèmes de rangement, les vêtements pliés prenant moins de place.

Mais comment savoir s'il faut plier un vêtement ou le mettre sur cintre ? Toutes les pièces fluides, comme les robes ou les jupes amples, doivent être suspendues. En cas de doute, agitez l'article dans l'air. S'il danse joyeusement, suspendez-le. Mettez aussi sur cintre les vêtements très structurés, comme les manteaux ou les blazers. Tout le reste peut être plié.

Plier des vêtements, ce n'est pas seulement donner une certaine forme à un tissu. Ni optimiser votre espace de rangement. Lorsque vous passez vos mains sur un vêtement, vous entrez en communication avec lui, vous lui transmettez de l'amour et une énergie positive. La délicate pression de vos paumes revitalise les fibres. Lissez le tissu et remerciez vos vêtements pour leur protection. Ces gestes renforcent l'affection que vous portez à chaque pièce de votre garde-robe et vous rappellent pourquoi elle vous procure de la joie.

Je n'ai qu'un seul conseil à donner pour bien plier les vêtements : formez un rectangle régulier qui tient à la verticale. C'est tout. À chaque vêtement correspond un type de pliage. J'appelle cela le « point d'or ». Quel bonheur de pouvoir mettre chaque jour de la joie dans sa vie simplement en pliant ses vêtements !

Une fois que vous avez fini de plier vos vêtements, placez-les à la verticale dans les tiroirs afin de pouvoir tous les voir d'un seul coup d'œil. Ajustez-les parfaitement à la taille des tiroirs et créez un dégradé en les classant par couleur. Je range mes vêtements du plus clair au plus foncé, de l'avant vers l'arrière du tiroir. Cette méthode vous permet de savoir instantanément combien de pièces de chaque couleur vous avez.

Et maintenant, organisez votre penderie. Le secret est de créer une ligne qui monte vers la droite. Lorsque vous ouvrirez la porte, sa seule vue vous remontera le moral. Tracez dans l'air une ligne ascendante avec le bout du doigt. Sentez-vous l'effet coup de fouet ?

Pour tracer cette ligne, j'accroche les articles longs, épais et foncés sur la gauche et je poursuis avec les articles courts, légers et clairs en allant vers la droite. Le mieux est aussi de les organiser par catégories : les manteaux avec les manteaux, les robes avec les robes et les jupes avec les jupes. C'est une méthode de rangement très simple qui permet de trouver facilement ce que l'on cherche.

Pour les chaussures, si vous avez des étagères intégrées à votre placard, vous pouvez leur en consacrer une ou deux étagères. Vous pouvez aussi installer un support sous votre penderie. Placez en bas les chaussures de tous les jours, comme les baskets et celles en cuirs, et les sandales et les chaussures légères plus haut. Les mêmes principes s'appliquent aux armoires à chaussures installées dans l'entrée. Il est préférable que les personnes de grande taille rangent leurs chaussures en hauteur, laissant les étagères basses aux personnes plus petites et aux enfants.

Si vous avez un grand dressing, vous pouvez le décorer avec des objets qui vous procurent de la joie. Votre placard est votre espace. N'hésitez pas à vous faire plaisir et à en faire une oasis de bonheur ou un hommage à vos centres d'intérêt les plus excentriques.

Qu'est-ce qui pourrait vous motiver et vous inspirer en début de journée quand vous ouvrez votre placard ?

Soyez fier de votre routine vestimentaire

Quel bonheur d'ouvrir son armoire et de ne voir que des vêtements que l'on aime ! Après avoir fait le tri, certains sont déçus par la similitude des vêtements restants : même couleur, même style, même marque.

L'une de mes clientes, m'a confié être angoissée en lisant que les magazines de mode déploraient la routine vestimentaire. « Parce que je porte toujours le même genre de tenue », expliquait-elle. Un jour, elle avait tenté l'aventure en achetant des vêtements différents, restés finalement dans son armoire parce qu'elle ne se sentait pas bien en les portant.

« Ils ont peut-être rempli leur rôle, ai-je suggéré.
— Sinon, tous mes vêtements sont les mêmes, a-t-elle protesté. Mes collègues de bureau vont finir par m'appeler "la Dame en beige" ou "la Martienne"!
— Connaissez-vous quelqu'un d'autre qui porte toujours le même type de vêtements ? lui ai-je demandé.
— Maintenant que vous le dites, j'en connais un certain nombre.
— Quand vous les voyez, vous dites-vous que c'est étrange et vous demandez-vous pourquoi ?
— Non, » a-t-elle répondu. En fait, je trouverais probablement étrange qu'ils changent subitement de style. »

C'est vrai. En général, aussi surprenant que cela paraisse, nous ne remarquons pas quand les autres portent toujours le même style de vêtements. En réalité, les voir dans le type de vêtements auxquels nous avons appris à les associer a même un effet rassurant et réconfortant sur nous. Moi aussi, j'avais l'habitude de m'habiller toujours de la même façon : une robe avec un cardigan ou un blazer, ou un haut blanc sur une jupe. Ces deux allures constituaient probablement plus de 80 % de mes tenues de travail. Ce n'est qu'après avoir eu des enfants que j'ai commencé à légèrement diversifier ma garde-robe et à porter des tenues plus décontractées. Une fois le tri terminé, la plupart de mes clientes se retrouvent, elles aussi, avec les mêmes couleurs ou les mêmes formes. En y regardant de plus près, même celles dont la garde-robe semble très variée ont en réalité un modèle de prédilection.

Ranger nos vêtements nous oblige à nous confronter à notre passé, notamment aux erreurs commises en cherchant ce qui nous va. Notre garde-robe contiendra toujours le souvenir d'expériences que nous préférerions oublier. Combien de fois ai-je murmuré à ces vêtements : « Merci de m'avoir appris que ce style n'est pas pour moi », avant d'en faire « cadeau » à ma sœur cadette, bénéficiaire toute désignée de ma « générosité » à une époque de ma vie ? (Cela étant d'ailleurs un parfait exemple de ce qu'il ne faut pas faire.)

Les vêtements qui restent à la fin de cette phase d'apprentissage sont certainement ceux qui vous vont le mieux et dans lesquels vous vous sentez le mieux. Vous pouvez donc afficher votre style avec fierté et confiance. C'est l'industrie de la mode qui perpétue l'idée que nous devons sans cesse porter des tenues différentes. Se débarrasser de cette idée fausse peut être un énorme soulagement et nous permettre de prendre vraiment plaisir à choisir nos tenues.

Mais que faire si vous avez envie de mettre de la couleur dans votre garde-robe ? Après avoir trié leurs vêtements, beaucoup de mes clients font des tests de colorimétrie ou assistent à des ateliers de conseil en image pour élargir leur choix en pleine conscience et en toute objectivité. Ce sont d'excellentes solutions pour diversifier sa garde-robe.

Revenons à ma cliente beige et verte. Une fois arrivée à l'étape du rangement des photos, qui est la toute dernière étape de la méthode KonMari, elle a soudain éclaté de rire en vérifiant la joie que chacune d'elles lui procurait. « Regardez ! a-t-elle dit. Celle-ci date d'une quinzaine d'années. » Sur la photo, elle portait un pantalon beige et un haut vert. « Tous les membres de ma famille sont encore habillés pareil aujourd'hui. Mon père porte toujours des pantalons gris et des polos, et ma mère un T-shirt blanc sur une jupe à motifs. » Elle se mit à sourire. « Je me sens beaucoup mieux. À partir de maintenant, je déclarerai fièrement que je suis une Martienne. »

Personnellement, je pense que ce n'était pas nécessaire. Elle a ensuite pris plaisir à poursuivre son festival du rangement.

Nettoyer la semelle de ses chaussures porte-bonheur

Les chaussures ont une place à part. Ce sont à la fois des articles de consommation et des accessoires voire des œuvres d'art. Certains leur vouent une telle passion qu'il leur est impossible de porter toute leur collection. Même ceux qui ne les accumulent pas ont déjà eu au moins un coup de foudre pour une paire, qu'ils ont achetée sur un coup de tête.

Moi-même, j'adore les chaussures – au point qu'un jour, je les ai toutes sorties du placard, je les ai alignées dans l'entrée, je me suis agenouillée par terre et je les ai regardées pendant environ une heure. Je ne saurais pas vraiment dire pourquoi. J'ai juste eu une envie soudaine d'écouter leurs doléances. Dans le magasin, elles avaient brillé de mille feux. Et maintenant, enfermées dans le placard, elles semblaient avoir perdu de leur superbe.

Je sais ! Je vais les nettoyer, me suis-je dit.

J'ai sorti ma boîte de cirage et j'ai commencé à les cirer une par une pour les faire briller. À la fin, je les ai étalées sur une feuille de papier journal et j'ai cru les entendre parler. Nettoie aussi nos semelles, semblaient-elles me dire.

Ouvrez votre placard à chaussures et jetez-y un coup d'œil. Êtes-vous dégoûté ? Ou fasciné ? La différence n'a rien à voir avec la qualité ou le prix de vos chaussures.

Au cours d'une séance avec l'une de mes clientes, j'ai remarqué quelque chose de bizarre lorsque nous sommes passées à ses chaussures. Elle les avait toutes rassemblées et les prenait une par une pour demander si elles suscitaient de la joie, mais quelque chose semblait clocher. Les chaussures étaient posées sur de vieux journaux froissés et ma cliente les tenait à bout de bras, du bout des doigts, entre le pouce et l'index – même celles qui semblaient pouvoir apporter de la joie. Je me suis souvenue de son expression lorsque je lui avais demandé de les sortir. N'avait-elle pas fait la grimace ? Si. Elle traitait ses chaussures comme si elles la dégoûtaient, alors qu'elles avaient autrefois été exposées en vitrine tels des bijoux.

Les chaussures sont le seul article de notre garde-robe à subir une telle différence de traitement avant et après leur achat. Pourquoi ? Parce qu'une fois que nous commençons à les porter, elles accumulent beaucoup de saleté. Et pourquoi ? Parce qu'elles passent toute la journée par terre. Nous leur menons la vie dure.

Quand vous les avez aux pieds, qui sait si vos chaussures ne conversent pas avec leurs voisines, vos chaussettes. Elles leur disent peut-être : « Il fait vraiment chaud aujourd'hui. »
— Oui, très chaud. Accroche-toi », pourraient répondre les chaussettes.

Mais en privé, vos chaussures doivent se dire : « Vous au moins, vous avez la chance d'être lavées chaque fois que vous êtes portées. »

Il y a aussi une grande différence entre l'empeigne et la semelle de nos chaussures. L'empeigne est souvent bien cirée. Elle s'attire des regards admiratifs. Les semelles ont rarement cette chance. C'est cruel, d'autant qu'elles assument la tâche ingrate de marcher dans la boue. Ce sont elles qui devraient bénéficier d'un traitement spécial. Nous devrions leur accorder le respect qu'elles méritent.

C'est pourquoi j'ai pris l'habitude de nettoyer la semelle de mes chaussures le soir avant d'aller me coucher ou le matin en nettoyant l'entrée. Et en le faisant, je remercie mes chaussures de me soutenir toute la journée.

Bien sûr, je suis parfois trop occupée, mais quand j'arrive à le faire, ce geste fait plus de bien à mon esprit que n'importe quelle autre routine de nettoyage. J'ai aussi l'impression de pouvoir aller dans des endroits qui conviennent à des chaussures propres. Selon un dicton : « Les bonnes chaussures vous mènent aux bons endroits. » Mais en réalité, c'est la semelle de nos chaussures qui nous y conduit. Après tout, ce sont elles qui nous relient au sol.

Si vous prenez l'habitude de nettoyer la semelle de vos chaussures, vous constaterez peut-être qu'il vous arrive des choses spéciales. Vous découvrirez peut-être un magasin que vous aimez vraiment ou un objet que vous avez toujours voulu en vous arrêtant dans une boutique sur un coup de tête.

Ne gardez dans votre salle de bains que les objets qui apportent de la joie.

Il est fréquent de laisser le savon, les gants et autres produits de toilette et de ménage bien visibles dans la salle de bains. Personnellement, je recommande de tout ranger hors de vue, sauf les objets que vous aimez regarder. Par exemple, je range les produits de ménage et les brosses dans le placard, ainsi que le shampooing et le gel douche si l'emballage ne m'apporte pas de joie, et je ne les sors que lorsque j'en ai besoin. Une autre option consiste à transvaser votre shampooing et votre gel douche préférés dans des flacons que vous aimez et de les laisser dehors.

Aux États-Unis, l'une de mes clientes a disposé toutes sortes de plantes dans sa grande salle de bains pour avoir l'impression d'être dans un jardin. Quel espace rafraîchissant pour prendre un bain ! Même dans un petit espace, ajouter quelques petites plantes peut suffire à créer l'effet désiré.

Les maisons japonaises, surtout en ville, sont généralement beaucoup plus petites que les maisons américaines. Il est rare d'avoir une grande salle de bains. Celle de l'appartement dans lequel je vivais était minuscule et sans lumière. Impossible d'y faire pousser des plantes. Alors, chaque fois que je prenais un bain, je prenais le soliflore du salon et je le plaçais sur une étagère pour le plaisir des yeux. Je vous encourage à faire de l'heure du bain un moment aussi spécial que possible en ajoutant vos sels de bain ou vos bougies préférés, par exemple.

Comment personnaliser les rangements de votre salle de bains pour qu'ils suscitent la joie ? Avec quels types de fleurs ou de bibelots aimeriez-vous décorer votre salle de bains ?

YUZU

Personnalisez vos boîtes et tiroirs de rangement avec des couleurs et des motifs

Lorsque vous avez fini de trier et que vous avez choisi les objets qui suscitent la joie, il est temps de réaménager vos rangements pour qu'ils suscitent eux aussi la joie. Personnellement, je préfère les contenants simples et beaux en osier, en bambou ou noir et blanc. J'aime aussi les objets écoresponsables, comme les boîtes en carton recyclé ou les pochettes en coton biologique.

Si vous utilisez des boîtes en plastique transparent, vous pouvez les personnaliser en tapissant le devant et l'intérieur de jolies cartes postales ou de papier cadeau. Les tiroirs peuvent également vous apporter de la joie lorsque vous les ouvrez si vous choisissez de jolies séparations. Demandez-vous comment diviser l'espace pour ranger tous vos vêtements à la verticale et tout voir d'un seul coup d'œil.

Il est merveilleux de trouver les contenants idéaux pour ranger tout ce qui vous apporte de la joie. Les rangements que vous avez déjà sous la main et même les boîtes à chaussures font très bien l'affaire, mais certains préfèrent les belles boîtes robustes spécialement prévues à cet effet, et c'est très bien ainsi.

Quel bonheur de créer ses boîtes et ses tiroirs idéaux – des rangements bien organisés, où tout est classé par catégories et en bonne quantité !

Aménagez vos toilettes pour faire circuler l'énergie.

C'est un lieu où la propreté est primordiale. Il est si petit qu'il est crucial de ranger régulièrement. Vous y passez peu de temps, mais c'est l'« espace détox » de la maison. Il est donc important qu'il ne soit pas encombré.

Je vous recommande de cacher votre stock de papier toilette dans un panier ou sous un joli tissu. Pour purifier l'air, je préfère personnellement les désodorisants non chimiques et les parfums boisés comme l'eucalyptus. Dans la plus pure tradition japonaise, je range des pantoufles spéciales juste derrière la porte des toilettes et j'installe un tapis assorti. Inutile de surcharger la décoration. Une carte postale ou un bibelot suffit. Vous pouvez varier en fonction de la saison ou de votre humeur.

L'une de mes clientes a couvert les murs de ses toilettes d'autocollants du sol au plafond. La partie basse était tapissée de coquelicots à longues tiges et le sol était recouvert d'un tapis vert à poils longs qui ressemble à de l'herbe. C'était comme pénétrer dans un autre monde et plonger dans un champ de fleurs. Cela m'a rappelé que nous devrions nous sentir libres de faire des expériences dans notre propre maison.

Quelle serait la couleur de vos toilettes idéales ? Quel parfum vous rendrait heureux ?

Ayez une maison saine en stimulant ses points de pression

Le shiatsu est une méthode japonaise d'acupression absolument merveilleuse. Mon grand-père pratiquait l'acupuncture et la moxibustion et étudiait la médecine traditionnelle chinoise et japonaise. J'ai découvert dès l'enfance les points de pression et les techniques pour rester en bonne santé, car il a commencé à pratiquer sur moi le shiatsu et le massage manipulatif dès l'école primaire. Puis au lycée, je me suis soumise de bon gré à des séances d'acupuncture. Il utilisait un appareil qui semblait sortir tout droit d'une expérience scientifique diabolique et plantait dans mes points de pression des aiguilles reliées à des fils dans lesquels il faisait passer un léger courant électrique. « La santé est une question de circulation », disait-il, tout sourire, en insérant impitoyablement une nouvelle aiguille. Malgré les apparences, sa méthode était très efficace.

Ayant grandi dans un tel environnement, des mots comme « point de pression » et « circulation » font depuis toujours partie de ma vie. Lorsque je fais le ménage, il me paraît tout à fait naturel de me demander où se situent les points de pression de la maison et ce qui peut bloquer la circulation de l'air. (Si cela vous semble étrange, dites-vous que c'est une maladie professionnelle dont souffrent certains spécialistes du rangementt.) S'il y a des points de pression dans une maison ou un appartement, où pensez-vous qu'ils pourraient se trouver ?

Quels sont les endroits qui laisseraient circuler l'air plus librement s'ils étaient désencombrés ?

La réponse est : l'entrée, le centre et toutes les pièces où se trouve un point d'eau. Il existe beaucoup d'autres points de pression, mais ces trois-là donnent les meilleurs résultats, les plus spectaculaires.

Pour les pièces équipées d'un point d'eau comme les toilettes et la cuisine, l'utilité du nettoyage est évidente. Ce sont en effet les premières à montrer des signes d'usure et où la différence est la plus marquée une fois nettoyées. Pour l'entrée, j'ai déjà expliqué que c'était une sorte de porte de sanctuaire qui nous purifie de toutes les impuretés que nous ramenons à la maison. Le plus difficile à repérer est peut-être le centre.

La première fois que je rends visite à un client, je m'agenouille avec cérémonie pour saluer sa maison. Je le fais au centre. Depuis le début, chaque fois que je me promène dans une maison, je sens un endroit où l'air semble changer, s'épaissir et virevolter comme dans un tourbillon. Et cet endroit se trouve invariablement au centre de la maison. Que ce soit un couloir ou un débarras, je ressens toujours la même chose.

Peu de temps après avoir fait cette découverte, je suis tombée sur un diagramme intitulé « La circulation du flux énergétique » dans un livre sur le feng shui. Il montrait que l'énergie qui arrive par la porte d'entrée tourne autour du centre de la maison et sort en diagonale par le mur opposé. C'était exactement le courant que j'avais ressenti chez mes clients. Une fois ce point central rangé et désencombré, l'air qui pénètre par l'entrée circule beaucoup plus librement et la maison est plus légère.

Maintenant que vous connaissez l'existence de ce point de pression central, vous pouvez l'utiliser dans votre vie quotidienne. Inutile de aire quoi que ce soit de spécial. Et peu importe qu'il y ait un poteau ou un meuble à cet emplacement. Veillez simplement à n'y mettre aucun détritus. Assurez-vous que personne ne place là une poubelle ou des objets à jeter, ou quoi que ce soit qui a clairement fait son temps. Sinon, toute votre maison sera rapidement envahie par un sentiment de mal-être.

Je repense à ce que disait mon grand-père, un passionné de santé qui a eu une vie longue et bien remplie : « Garde un teint clair et des intestins légers. Et sois propre. Cela suffit pour être en bonne santé. »

Transposé à notre maison, ce principe préconise une entrée, ou un visage, claire et lumineuse ; un centre, ou des intestins, débarrassé de tout désordre ; et toutes les pièces avec un point d'eau, comme la salle de bains et les toilettes, propres et éclatantes. Si nous soignons ces trois points de pression, nos maisons seront heureuses et saines.

Un garage organisé est un garage joyeux.

Avant, je pensais que les garages servaient uniquement à garer des voitures. Lorsque je me suis installée aux États-Unis, j'ai été surprise par leur taille. Le garage américain moyen est bien plus grand que tous ceux que j'ai pu voir au Japon. Mais il sert souvent d'espace de rangement et de stockage d'objets divers et variés, notamment pour des équipements saisonniers. Vérifier régulièrement ce que vous conservez dans votre garage vous aidera à surveiller le volume de vos affaires.

Comment transformer votre garage d'un lieu de stockage en un espace joyeux ? En le rangeant. L'un des principes fondamentaux de la méthode KonMari est de ranger par catégories. Il s'applique aussi aux garages. Je vous suggère de répartir les objets en catégories comme les décorations de Noël et autres, les outils, le matériel de camping, etc. Commencez là aussi par rassembler tous les objets d'une même catégorie au même endroit, touchez chacun d'eux et ne gardez que ceux qui vous procurent de la joie.

Après avoir sélectionné tous les objets qui vous donnent de la joie, rangez-les par catégories. Dans un garage, le secret du rangement est de voir facilement où tout se trouve. Cela permet d'optimiser sa fonction de rangement. Si vous pouvez tout ranger dans des contenants du même type, l'espace semblera plus ordonné. La poussière et la saleté s'infiltrent assez facilement dans les garages. Il est donc préférable d'utiliser des contenants avec couvercle. Rangez à la verticale tous les objets qui peuvent l'être. L'objectif est de voir d'un coup d'œil où se trouve chaque chose en soulevant le couvercle. Et si vous étiquetez vos boîtes et les rangez sur des étagères, toute la famille saura où chercher.

Pour mettre encore plus de joie dans votre garage une fois le rangement terminé, je vous conseille de le décorer, comme vous le feriez dans la maison. S'il reste un mur vide, accrochez les tableaux qui n'ont pas trouvé de place ou créez un coin spécial pour vos loisirs. En décorant votre garage, vous transformez une place de stationnement ou un espace de stockage en un lieu où brille l'étincelle du bonheur. La démarche peut s'avérer très amusante.

Quels types de contenants aimeriez-vous avoir dans votre garage ? Des boîtes en plastique ? En carton ? Des paniers ? Quel type de couleurs et d'organisation conviendrait le mieux ? Quel type de décorations transformerait votre garage ?

Décorez vos murs avec le paysage que vous aimeriez voir

Un jour, au beau milieu d'une séance de rangement, je me suis retrouvée assise devant un miroir avec une serviette autour du cou.

Ce jour-là, ma cliente était maquilleuse. « En matière de maquillage, me dit-elle, l'équilibre est important. Mais, en réalité, le visage est un tout. Certaines parties peuvent être changées, d'autres non. Vous ne pouvez pas modifier votre squelette, par exemple. Tout comme la décoration ne changera pas le plan de votre maison. Et de même qu'il est préférable de ne pas encombrer le sol, plus votre peau est nette, mieux c'est. »

Elle a alors ouvert sa grande boîte de maquillage et a poursuivi sa leçon. « Les joues jouent les seconds rôles, mais elles peuvent complètement transformer votre visage, selon la couleur du blush et la façon dont il est appliqué. Un peu comme un éclairage indirect, j'imagine. Les yeux sont les fenêtres que vous encadrez. Les couches de mascara font office de magnifiques rideaux. »

Tout en parlant, elle maquillait délicatement mon visage. « Mais si vous souhaitez changer radicalement et immédiatement d'image, le mieux est de changer de coiffure. Les cheveux couvrent une grande surface et peuvent être coiffés de nombreuses façons. Vous pouvez par exemple les relever ou ajouter des accessoires. »

Et pour appuyer son propos, elle attrapa mes cheveux. « Donc, la décoration des murs, c'est comme la coiffure, non ? »

Exact. Les murs. Voilà ce qui avait tout déclenché. Une demi-heure plus tôt, je parlais des murs quand elle s'était soudain lancée dans cette leçon de maquillage.

Si après avoir rangé, votre maison vous semble un peu vide, l'étape suivante consiste à décorer les murs. Votre maison se compose de quatre grands éléments : les sols, les murs, les fenêtres et les portes. Mais le moyen le plus efficace de la relooker en un clin d'œil est sans aucun doute de s'occuper des murs, qui occupent une grande surface et peuvent être transformés à volonté avec des œuvres d'art, des bibelots ou tout ce que vous aimez.

Chez moi, j'ai une vingtaine de tableaux, dont quelques petits dans les toilettes et l'entrée. J'ai de tout : des peintures à l'huile aux broderies encadrées. Je les collectionne depuis l'époque où j'étais célibataire.

J'ai notamment une reproduction des *Nymphéas*, de Monet, qui date de l'époque où je vivais à Tokyo. Dans cette ville surpeuplée, je rêvais d'habiter au bord de l'eau et j'ai cherché partout une photo du paysage que j'avais envie de voir de ma fenêtre. Le jour où je suis tombée sur ces nymphéas flottant sur un étang vert émeraude, ce fut le coup de foudre. C'était un poster bon marché. J'ai acheté un cadre de la taille d'une fenêtre. Il est maintenant accroché dans le cabinet de toilette, en face du lavabo. Cet étang émeraude continue de me procurer de la joie chaque fois que j'aperçois son reflet dans le miroir.

Certaines de mes clientes ont eu des idées intéressantes. L'une d'elles, qui adore observer les étoiles, projette un ciel étoilé sur son mur la nuit avec un projecteur de planétarium amateur. Une autre, qui n'a pas de fenêtre dans sa salle à manger, a installé des rideaux autour d'un poster de jardin anglais, satisfaisant ainsi son désir de contempler un jardin fleuri en prenant son petit-déjeuner.

Quel gâchis de laisser les murs nus alors que nous pouvons y créer le paysage que nous aimerions voir de la maison ! Et vous, qu'aimeriez-vous voir ?

Si, une fois le rangement terminé, il manque quelque chose, c'est le signe que vous devez apporter un peu de joie. Commencez par décorer les murs. Très vite, votre maison inspirera le bonheur.

Cultivez la joie à l'extérieur.

Depuis toute petite, je rêvais d'avoir une maison avec un jardin. Lorsque j'étais enfant, ma famille et moi vivions dans un immeuble en ville et nous n'avions qu'un balcon. À cette époque, au Japon, les balcons servaient surtout à étendre le linge. Les plantes n'y avaient pas leur place. Après mon mariage, nous avons vécu dans un appartement avec balcon. Cette fois-ci, je pouvais y faire pousser des plantes plutôt que d'y étendre le linge, car nous avions un sèche-linge. Après avoir recouvert le sol en béton de palettes en bois, j'ai installé des rangées de jardinières et de pots pour créer mon petit jardin personnel. Je peux affirmer par expérience qu'il est possible de jardiner sur un simple balcon.

Lorsque l'on réfléchit à l'aménagement de son extérieur, il est important de s'imaginer y passer du temps. Je voulais m'asseoir sur mon balcon et admirer mes plantes. Je voulais aussi les voir de la fenêtre. Je sais, ce sont de modestes ambitions, mais c'était mon rêve.

Si vous vivez dans un endroit où il est difficile de faire pousser des plantes, comme un centre-ville surpeuplé ou une région aride, vous aurez peut-être d'autres projets pour votre extérieur. Vous rêvez d'une cuisine extérieure avec un barbecue ou un brasero, d'un espace de méditation ou d'un minigolf ? Ou vous préférez installer votre fauteuil préféré pour boire votre café du matin, suspendre un hamac pour faire la sieste, aménager une aire de jeux pour les enfants ou installer une table pour les moments en famille et entre amis ? Donnez libre cours à votre imagination et visualisez le style de vie qui vous procure de la joie.

Si vous avez du mal à savoir comment vous souhaitez passer du temps dans votre extérieur, je vous suggère d'observer d'autres modes de vie, de lire des livres sur l'aménagement des jardins et de chercher de jolis jardins et de belles terrasses dans les magazines ou en ligne. Vous y trouverez des idées. Le simple fait de chercher le type de jardin ou d'extérieur qui correspond à votre style de vie idéal peut susciter la joie.

Jardiner, c'est comme ranger

J'ai longtemps cru que je ne serais jamais douée pour le jardinage. J'adore les plantes d'intérieur. Quand j'étais au Japon, j'ai souvent essayé d'en faire pousser, mais j'ai connu plus d'échecs que de réussites. J'ai même réussi à faire mourir un pachira installé dans l'entrée, à laisser flétrir un pothos doré, ma plante préférée, et à décimer toutes les herbes aromatiques de ma jardinière.

Lorsque j'ai emménagé aux États-Unis, j'ai été surprise d'apprendre qu'il est assez courant d'engager un jardinier. Notre première maison, dont nous étions locataires, avait un beau jardin soigneusement entretenu par un professionnel. Je prenais tellement plaisir à passer du temps au milieu des plantes et à les regarder pousser qu'est née en moi une envie irrésistible de me mettre au jardinage. J'ai commencé par un petit jardin d'herbes aromatiques courantes, comme le romarin et la lavande, que je pouvais utiliser en cuisine. Après de modestes succès, je me suis demandé ce que j'avais envie de faire pousser – quelle fleur, quel légume –, et j'ai progressivement diversifié mes plantations.

Un jour, je suis intervenue dans une pépinière pour une émission de télévision. J'en ai profité pour demander des conseils aux employés et les interroger sur leur approche. Ils m'ont dit que le secret de la réussite était d'« essayer » et m'ont encouragé à expérimenter tout ce qui me plaisait. Ils m'ont également dit que pour créer le jardin de mes rêves je n'avais besoin que de quelques connaissances de base sur des sujets comme l'apport d'engrais dans le sol et le meilleur moment pour planter chaque variété. Leurs encouragements et leurs conseils n'ont fait que nourrir ma passion pour le jardinage.

« Essayez », « Mettez-y beaucoup d'amour et de tendresse ». Toutes ces paroles s'appliquent autant au rangement qu'au jardinage. Combien de personnes repoussent pendant des années le moment de jardiner en se disant qu'elles s'y mettront un jour ? Comme pour le rangement. Imaginez votre jardin idéal, concevez-le pour qu'il vous procure de la joie et choisissez des plantes qui vous rendent heureux. N'oubliez pas d'utiliser des outils qui vous apportent l'étincelle du bonheur. Trouvez une truelle avec un joli motif ou un pot qui vous plaît. Plus vous aurez d'outils qui suscitent la joie, plus vous prendrez plaisir à jardiner. Là encore, ce sont ces mêmes principes qui nous procurent de la joie dans le rangement et dans notre vie quotidienne.

CHAPITRE 4

La joie dès le matin

Notre journée dépend de notre façon de nous réveiller et de commencer la matinée. Ce chapitre vous aidera à imaginer votre matinée idéale et à vous concentrer sur les pratiques et les comportements qui suscitent la joie.

Quel type de matinée vous procurerait de la joie toute la journée ?

Pour moi, la meilleure façon de commencer la journée est d'ouvrir la fenêtre et de laisser entrer de l'air frais. Lorsque nous nous réveillons le matin, nous sommes une personne complètement différente de celle que nous étions la veille. Le sommeil a balayé toutes les frustrations refoulées et nous nous sentons comme neufs. La première chose que je veux faire est donc de laisser l'air frais chasser tout brouillard persistant.

Je fais brûler de l'encens ou du palo santo. L'encens est souvent utilisé pour purifier symboliquement un lieu, notamment pour chasser le mauvais esprit pendant les cérémonies bouddhistes. Une fois que je me sens fraîche et disposée, je dis « Bonjour ! » à la maison comme je le dirais à ma famille. C'est une habitude que j'ai prise lorsque j'ai commencé à vivre seule.

Depuis peu, je pratique les bains de bouche à l'huile ayurvédique. Une fois ma bouche propre, je bois une tasse d'eau chaude pour nettoyer l'estomac avant de prendre le petit-déjeuner. Dans la mesure du possible, j'attends d'avoir faim pour manger. En attendant, je fais un peu de ménage ou je termine un travail pour relancer mes intestins. Prendre un petit-déjeuner après avoir nettoyé mon organisme stimule vraiment mon métabolisme. Je me sens plus légère et plus énergique.

Dix jours suffisent pour acquérir de nouvelles habitudes

Quelles habitudes mettraient plus de joie dans chacune de vos journées ?

Brûler de l'encens, faire du sport, vider mon sac en rentrant à la maison : ce ne sont que quelques-unes de mes habitudes quotidiennes. À première vue, acquérir une nouvelle habitude demande beaucoup d'efforts. Certains abandonnent avant même d'avoir essayé, décidant que c'est impossible ou qu'ils sont trop occupés. Il est effectivement difficile de prendre de nouvelles habitudes. Une approche semble toutefois fonctionner. Elle consiste à essayer tous les jours pendant dix jours. Comme dans la méthode de rangement KonMari, l'idée est de concentrer ses efforts sur un court laps de temps.

Pourquoi est-il plus efficace de le faire tous les jours que tous les trois jours ? Parce que c'est la première étape, celle où l'on commence à changer un modèle de comportement, qui demande le plus d'énergie.

Premièrement, il est beaucoup plus facile de se motiver et de tenir si vous vous fixez un objectif initial de seulement dix jours. Deuxièmement, si vous prenez l'habitude de faire quelque chose tous les trois jours, vous devrez ensuite déployer plus d'énergie pour le faire tous les jours. Découper le processus en deux phases est une perte d'énergie.

Même si la tâche peut sembler énorme, ce ne sont que dix jours. Si vous pratiquez votre nouvelle habitude pendant cette courte période, vous trouverez plus facilement votre rythme. Très vite, vous commencerez à savourer le plaisir que vous procure cette habitude : qu'elle vous vide l'esprit, qu'elle vous facilite la tâche, qu'elle vous aide à trouver un endroit où ranger toutes vos affaires ou qu'elle vous permette de vous ressourcer à la fin de la journée.

Ce n'est que récemment que j'ai pris l'habitude de faire un bain de bouche à l'huile ayurvédique. Tous les matins, je me rince la bouche avec de l'huile de sésame blanc. Au début, le goût me donnait la nausée et je me demandais si c'était vraiment aussi bon

qu'on le disait. Mais au bout de dix jours, ma peau est devenue plus souple et je me suis habituée à la sensation de l'huile dans ma bouche. Depuis, je n'ai jamais cessé de le faire.

Bien sûr, si vous vous rendez compte au cours de ces dix jours que vous n'arrivez pas à le faire tous les jours ou que vous préféreriez ne le faire que tous les quatre jours, vous pouvez revoir votre routine. Au début, il est plus facile de placer la barre haut et de voir la joie ultime que peut vous procurer votre nouvelle habitude.

Cette approche est idéale pour tout ce qui ne demande aucune compétence, comme vider son sac tous les soirs. Pour apprendre une nouvelle langue ou le piano, il faut des années de pratique. Mais si vous choisissez une activité à la portée de tous, les effets sont presque immédiats.

Quelle nouvelle habitude souhaitez-vous adopter pour les dix prochains jours ? Si vous avez déjà terminé votre festival du rangement, je suis sûre que vous pouvez réussir à adopter une toute nouvelle habitude de votre choix.

Prenez le temps de soigner votre santé avec un petit-déjeuner.

À la maison, nous prenons généralement un petit-déjeuner japonais. Nous mangeons toujours du riz, que nous faisons cuire dans une marmite traditionnelle en terre cuite appelée *donabe*, et une soupe miso, plus des œufs ou les restes du dîner de la veille. C'est un petit-déjeuner simple, mais très nourrissant. Pendant la cuisson du riz, je consulte mon emploi du temps et je passe en revue les tâches du jour.

L'atmosphère du petit-déjeuner est aussi importante que le menu. Nous faisons notre possible pour manger tous ensemble avant le départ des enfants à l'école. Souvent, nous mettons une musique douce, comme du piano classique. Ce fond sonore les aide à partir heureux.

Si vous prenez généralement votre petit-déjeuner à la maison, je vous recommande d'en faire un moment spécial. Lorsque nous nous laissons distraire par nos téléphones pendant le repas ou que nous nous contentons d'avaler quelques bouchées de ce qui nous tombe sous la main avant de prendre nos clés et de sortir, nous passons à côté d'un moment précieux de notre journée, et c'est dommage.

Il m'arrive toutefois d'être tellement débordée que le seul but du petit-déjeuner est de remplir l'estomac de toute la famille. J'en viens alors à bousculer mes enfants pour qu'ils se dépêchent de manger. Dans ces moments-là, je fais une pause pour réfléchir, puis je m'efforce de faire du petit-déjeuner une expérience aussi positive que possible.

Soupe miso de Marie

POUR 4 PERSONNES

75 cl d'eau

1 morceau de kombu (10 cm)

2 champignons shiitakés séchés

250 g de tofu en cubes (ferme ou soyeux, selon votre préférence)

30 g d'épinards hachés

1 cuillerée à soupe de wakamé séché (facultatif)

2 cuillerées à soupe de miso maison (voir la recette page 126) ou de pâte miso toute prête

Nous prenons une soupe miso tous les jours au petit-déjeuner. Elle est simple à préparer. Il suffit d'avoir du bouillon *dashi*, du miso et quelques légumes ou autres ingrédients. Je prépare ma propre pâte de miso et mon propre bouillon aussi souvent que possible, mais la soupe est délicieuse aussi avec du miso et du bouillon achetés en magasin. La pâte miso est également facile à préparer (vous trouverez ma recette maison page 126). Il suffit d'écraser des germes de soja cuits, d'ajouter du sel et du *koji* (malt de riz) et de mélanger soigneusement. Placez le mélange dans un récipient hermétique et laissez-le fermenter. Il sera prêt à consommer dans environ 6 mois et se conserve bien. Si j'en prépare 4 kg, je n'en fais donc qu'une ou deux fois par an.

Pour un *dashi* facile et délicieux, faites tremper toute une nuit une bande de kombu (algue séchée) et quelques champignons shiitakés séchés. Si vous êtes pressé, vous trouverez ci-dessous une recette de bouillon rapide.

N'hésitez pas à personnaliser votre soupe miso. J'aime bien y ajouter du tofu, des épinards et du wakamé, mais vous pouvez choisir tout ce qui vous fait plaisir.

Versez l'eau dans une casserole de taille moyenne, ajoutez le kombu et les shiitakés séchés et laissez tremper toute la nuit.

Lorsque vous êtes prêt à préparer la soupe, placez la casserole sur feu moyen. Juste avant que l'eau arrive à ébullition, éteignez le feu et retirez le kombu et le shiitaké à l'aide d'une écumoire. Émincez-les finement et remettez-les dans la casserole ou réservez-les pour une autre utilisation.

Ajoutez le tofu, les épinards et le wakamé, et portez à ébullition. Puis retirez la casserole du feu.

Placez le miso au fond d'un petit bol, puis ajoutez lentement le bouillon à l'aide d'une louche et remuez jusqu'à ce que le miso soit totalement dissous. Transvasez le mélange dans la casserole et incorporez-le au bouillon.

Remettez la marmite à feu doux et retirez la casserole du feu juste avant l'ébullition, puis servez la soupe dans des bols. La soupe est meilleure préparée le jour même.

Variante : pour préparer un bouillon rapide, remplacez le kombu et les champignons shiitakés par une cuillerée à café de *dashi* en poudre ou de bouillon à la bonite. Faites bouillir l'eau, puis baissez le feu, ajoutez la poudre et remuez jusqu'à ce qu'elle soit dissoute. Et poursuivez la recette.

Miso

POUR 4 KG

1 kg de germes de soja (bio, si possible)

1 kg de *koji* de riz

500 g de sel, et un peu pour saupoudrer et lester le miso

Placez les germes de soja dans une grande casserole et couvrez d'eau tiède. Remuez, puis égouttez les germes de soja dans une passoire. Répétez ce processus deux ou trois fois jusqu'à ce que l'eau soit claire et ne mousse plus. Remettez les germes de soja rincés dans la casserole, couvrez-les largement d'eau et laissez-les tremper toute la nuit ou pendant au moins 10 heures.

Égouttez les germes, remettez-les dans la casserole et couvrez d'eau. Portez à ébullition, puis réduisez à feu doux et laissez mijoter en couvrant partiellement la casserole pour laisser la vapeur s'échapper pendant 2 à 3 heures jusqu'à ce que les germes soient assez moelleux pour être écrasés entre le pouce et le petit doigt. Remuez de temps

en temps pour les empêcher de coller au fond de la casserole et ajoutez de l'eau si nécessaire pour qu'ils restent couverts.

Égouttez les germes et réservez l'eau de cuisson. À l'aide d'un presse-purée, écrasez les germes encore chauds pour obtenir un mélange lisse. Vous pouvez également les placer dans un sac en plastique solide et les écraser avec un rouleau à pâtisserie ou la paume de la main. Remarque : les germes sont plus faciles à écraser quand ils sont encore chauds, alors faites vite. Une fois les germes réduits en purée, laissez la température redescendre à au moins 30 °C avant d'ajouter le *koji*.

Dans un grand saladier, mélangez le *koji* et le sel. Ajoutez les germes de soja écrasés et refroidis, et mélangez soigneusement à l'aide d'une grande cuillère. Avec les mains, formez des boulettes bien tassées de la taille d'une balle de baseball (7 cm de diamètre). Si le mélange est trop sec et friable, ajoutez un peu d'eau de cuisson des germes de soja. Rangez les boulettes les unes à côté des autres, bien serrées, dans un grand récipient hermétique. Remplissez le récipient afin qu'il ne reste aucune poche d'air entre les boulettes de miso ou entre le miso et le récipient. En surface, le miso doit être plat et lisse.

Saupoudrez légèrement et uniformément la surface de sel et pressez fermement un film plastique ou une feuille de papier sulfurisé pour qu'il ne reste pas d'air entre le miso et le plastique. Posez un sachet de 2 kg de sel pour lester le miso, puis fermez le couvercle.

Rangez le miso au moins 6 mois dans un endroit frais à l'abri de la lumière, comme un cellier ou un bac à légumes, avant de l'ouvrir. Une fois la fermentation terminée, le miso se conserve jusqu'à un an au réfrigérateur dans un récipient hermétique.

Les matins en famille, nous nous transformons en chef d'orchestre.

Le secret d'un matin joyeux est de ne pas être trop pressé. Il est important de s'accorder un peu de temps supplémentaire. À la maison, mon mari se lève vers 4 heures, donc quand je me réveille, à 6 heures, il a déjà beaucoup avancé. Je réveille les enfants à 6 h 30 pour qu'ils se préparent pour l'école. Puis nous prenons tranquillement le petit-déjeuner tous ensemble avant le départ des enfants. C'est notre vision d'un matin joyeux.

Pour gagner du temps, le secret est de toujours remettre à sa place tout ce dont vous avez besoin le matin. Cette place aura été choisie pour sa praticité. Les enfants, par exemple, ont besoin d'une brosse à cheveux, d'un cartable et d'une gourde d'eau pour se préparer pour l'école. Nous les rangeons dans des endroits clairement désignés pour que tout se passe bien au réveil et que personne ne perde de temps à les chercher.

Pour être sûrs que nos enfants se lèvent à l'heure, nous veillons à ce qu'ils se couchent suffisamment tôt. Et avant d'aller au lit, ils choisissent les vêtements qu'ils porteront le lendemain. Il leur faut ainsi moins de temps pour se préparer le matin. S'ils se lèvent plus tard et que nous manquons de temps, nous optons pour un petit-déjeuner facile à avaler, comme des boulettes de riz farcies avec un aliment nourrissant. Cela nous évite de les presser pour qu'ils se dépêchent.

Que vous ayez ou non des enfants, l'approche est la même. Demandez-vous ce que vous pouvez faire le soir pour éviter la bousculade du matin, puis préparez le maximum à l'avance pour que tout se passe le mieux possible. Si vous êtes en avance, vous êtes sûr que vos matins seront des moments de joie.

Et si vous vous offriez un matin agréable en écoutant votre musique préférée ?

Pensez à personnaliser vos matins.

Dans ce chapitre, vous venez de découvrir ce qui est mon matin idéal depuis que ma famille et moi vivons aux États-Unis. Il a un peu changé, à l'image de mon style de vie, puisque je suis passée du statut de célibataire active à celui de femme mariée, puis de mère. Mais le rythme reste essentiellement le même.

Bien sûr, je n'ai pas réussi à atteindre tout de suite mon idéal. Pour être honnête, mes matins étaient souvent tellement chaotiques quand j'étais célibataire que je ne me souvenais même pas de ce que j'avais fait. Et si je me réveillais tard, toute la matinée était fichue.

Jusqu'au jour où j'ai pris le temps de réfléchir sérieusement à mon matin idéal.

J'ai ouvert un carnet et j'ai décrit ce qui serait pour moi un matin idéal en y ajoutant un emploi du temps et la photo d'un magnifique petit-déjeuner tirée d'un magazine. De temps en temps, je regardais cette page, jusqu'à ce que j'en oublie presque l'existence. Et puis un jour, j'ai réalisé que mes matins ressemblaient exactement à mon idéal.

L'expérience m'a montré combien il était nécessaire de créer des moments de joie entre l'heure où nous nous levons et celle où nous quittons la maison ou commençons à travailler.

Bien sûr, tout le monde ne peut pas se préparer aussi tranquillement le matin. L'une de mes clientes m'a confié vouloir partir de chez elle dix minutes après s'être levée et passer un peu de temps dehors avant d'aller travailler. Elle prépare tout la veille au soir, prend dix minutes pour se doucher, s'habiller et se maquiller, puis sort prendre son petit-déjeuner dans un café. Si vous pensez que votre matin idéal est un rêve impossible, sachez qu'une fois que vous avez fini de mettre de l'ordre dans votre maison, ce rêve se réalise souvent tout naturellement.

Alors, comment aimeriez-vous commencer votre journée ? Quel type de matin égayerait votre journée ?

Utilisez le moins de détergents possible

Lorsque j'étais étudiante, j'ai traversé une phase où je faisais le ménage à la maison lorsque ma mère était absente. Ce n'était pas pour lui faire plaisir ; c'était tout simplement plus fort que moi. Je ne pouvais pas m'empêcher de ranger. Je rangeais ma chambre, puis je faisais le ménage pour ne pas ranger la chambre des autres. J'utilisais de l'eau de Javel pour nettoyer les canalisations de l'évier, je lavais les grilles de la hotte, j'essuyais les rebords de fenêtres et je prenais un grand plaisir à enlever la poussière que personne n'avait remarquée en utilisant toutes sortes de détergents pour chaque type de saleté.

Aujourd'hui, je n'ai presque plus de détergents chez moi. J'en ai un pour la cuisine, un pour la buanderie et un pour les toilettes, plus un sachet de bicarbonate de soude. Je n'en utilise plus pour la baignoire. Une fois vidée, je la rince à l'eau froide pour la refroidir, puis je l'essuie avec une serviette prévue à cet effet. C'est ma mère qui m'a appris à rincer la baignoire à l'eau froide, mais c'est l'odeur chimique désagréable des détergents qui m'a décidée à arrêter d'en utiliser. Et cela ne fait apparemment aucune différence. En revanche, je parle à la baignoire lorsque je l'essuie. Je lui dis des choses comme « Ce bain était si ressourçant » ou « C'est incroyable que tu sois toujours si propre et si nette ».

Avant, je nettoyais aussi le sol avec des produits. Maintenant je passe simplement un chiffon humide. J'utilise de simples chiffons en coton blanc. Ils ne restent pas longtemps blancs, et leur vue ne me procure pas de joie, mais je n'y prête pas attention. Je les lave et les fais sécher soigneusement, je les plie comme je plie les vêtements et je les range dans une boîte. Voilà ce qui m'apporte de la joie. Lorsqu'ils sont trop sales, je m'en sers pour essuyer les moustiquaires des fenêtres et des portes, par exemple, puis je les jette.

Je n'utilise pas non plus de détergent pour la cuisinière. Je me contente de l'essuyer avec un chiffon humide et chaud. C'est une de mes clientes qui me l'a conseillé. L'huile et la graisse partent facilement si vous passez un chiffon trempé dans de l'eau chaude ou froide et bien essoré juste après la cuisson.

L'un des secrets d'un nettoyage facile est d'utiliser le strict minimum de produits. Bien sûr, certains, comme les professionnels du nettoyage, peuvent avoir besoin de toute une panoplie de détergents pour des tâches spécifiques. D'autres peuvent en avoir besoin occasionnellement, par exemple pour enlever des saletés très incrustées. Et après tout, si vous aimez collectionner et tester différents types de produits, faites-vous plaisir.

Personnellement, ce qui m'apporte de la joie, c'est une approche simple qui ne nécessite qu'un seul détergent. Je n'ai ni à réfléchir ni à choisir. Heureusement pour moi, on trouve désormais des produits tous usages respectueux de l'environnement.

Si, en faisant le tour de vos placards, vous vous rendez compte que vous n'utilisez pas tous ceux que vous avez, pourquoi ne pas en profiter pour vous en débarrasser et adopter une approche plus simple ? Un placard de produits bien rangés peut vous donner envie de nettoyer. Et avant même de vous en rendre compte, votre rêve d'une maison étincelante et joyeuse sera devenu réalité.

CHAPITRE 5

La joie tout au long de la journée

Pour mettre un maximum de joie dans votre journée, repensez à ce que vous faites de votre temps – du temps que vous passez à faire des courses au temps que vous passez avec les autres. En apprenant à identifier ce qui vous apporte de la joie dans votre vie quotidienne et ce qui vous fait gaspiller une énergie précieuse, vous pourrez mettre de l'ordre dans votre routine et profiter de bienfaits révolutionnaires.

Choisissez soigneusement vos activités et vos routines.

Vous arrive-t-il de trouver que votre quotidien est plus chargé que souhaité ? Vous sentez-vous épuisé ? Ou avez-vous trop à faire ?

Cela m'arrive parfois. Dans ces moments-là, je fais le point sur ce que je fais de mon temps en consultant mon agenda. Ensuite, je me demande si je perds du temps en activités inutiles et si je peux en éliminer certaines.

Dresser la liste de toutes nos activités quotidiennes – le travail, les réunions, les tâches ménagères, les tâches diverses, les loisirs, les cours, le sport et le temps passé en famille et entre amis – nous aide à identifier les activités qui nous apportent de la joie. Cette introspection nous permet également de découvrir que nous avons développé des habitudes inutiles, comme faire défiler les pages sur Internet, faire une recherche et dévier sur des sites de vente en ligne, ou entrer dans la cuisine prendre un goûter chaque fois que nous passons devant.

Noter ce que je fais de mon temps m'aide à repérer là où j'en perds. Cela m'aide à l'optimiser, par exemple en changeant mon approche des tâches ménagères ou la chronologie de préparation des repas. Je conserve des moments de pause et de détente pour être plus efficace.

Je réfléchis parfois seule, parfois avec mon mari. Il m'aide à repérer des habitudes que j'ai tendance à ne pas voir. Si j'en remarque une mauvaise, comme la tendance à trop grignoter lorsque je suis en famille, je l'annonce. La prochaine fois que je tendrai inconsciemment la main vers un goûter en leur présence, j'aurai plus de chances de me ressaisir avant de commencer à grignoter. Je vous conseille d'énoncer à votre famille les habitudes dont vous souhaitez vous défaire. Vous aurez plus de chances de les remarquer et de vous retenir.

Tout noter ou demander conseil sur notre manière d'utiliser notre temps peut nous aider à prendre conscience de l'énorme quantité de temps que nous perdons.

Après avoir revu son emploi du temps, l'une de mes clientes a réalisé qu'elle souhaitait passer plus de temps en famille. Elle a consciemment augmenté ses contacts avec les membres de sa famille et organisé des visites à ceux qui habitaient loin. En changeant sa façon d'utiliser son temps, elle s'est rapprochée de sa famille et a resserré les liens familiaux.

Examinez chacune de vos activités. Mérite-t-elle d'avoir une place dans votre vie ? Ou préféreriez-vous réorganiser votre journée pour consacrer du temps à une activité plus précieuse ?

Mettons de l'ordre dans notre façon d'occuper notre temps pour privilégier les activités réjouissantes.

REFLECTION
III
INTENTION
SELF-CARE

Mettez de l'harmonie dans votre emploi du temps familial.

Élever des enfants peut être un véritable défi. Si vous êtes parent, croyez-moi, je vous comprends. L'une des difficultés qui revient sans cesse est de trouver un équilibre entre le travail et l'éducation des enfants. Une autre est de créer un système protecteur avec votre famille et votre entourage.

Dans notre cas, pour avoir un emploi du temps familial harmonieux, il est important que mon mari et moi ayons chacun du temps pour nous concentrer sur nos obligations. De nombreux éléments de l'emploi du temps de nos enfants ne peuvent être modifiés. Nous commençons donc par aligner notre emploi du temps sur le leur. Mon mari préfère se coucher à la même heure que les enfants et se lever à 4 heures du matin pour travailler. De mon côté, j'aime accomplir mes tâches les plus importantes lorsque les enfants ne sont pas là. Nous aménageons nos horaires de travail de manière à ce que l'un de nous soit là lorsque les enfants rentrent à la maison. Bien sûr, lorsque nous sommes tous les deux en déplacement, quelqu'un est là pour aller les chercher à l'école et s'occuper d'eux jusqu'à notre retour.

Chacun de nous a son propre rythme. Certains ont plus de facilité à trouver du temps tôt le matin. D'autres sont au mieux de leur forme le soir. L'important est que les parents se concertent et puissent prévoir du temps pour eux dans la journée, au moment où ils peuvent le mieux se concentrer. Au lieu de penser que les enfants nous empêchent d'avoir un moment à nous, nous devons changer notre état d'esprit et relever le défi de prévoir du temps pour nous dans notre journée.

Apprenez à vos enfants à ranger en s'amusant.

Dans notre famille, les tâches ménagères et le rangement font partie des moments de jeu. Avant, j'essayais de terminer toutes les tâches ménagères pendant que les enfants étaient à l'école, mais je finissais par ne pas avancer dans mon travail et je devais m'y mettre après le retour des enfants. Jusqu'au jour où j'ai compris que je devais faire le ménage avec eux.

Lorsque je couds un bouton, mes enfants veulent essayer, alors je les laisse en coudre un sur la veste d'une peluche. Lorsque je plie des vêtements, je déclare : « C'est l'heure de plier », et ils se joignent à moi. Nous pouvons ensuite passer au goûter si nous en avons envie.

Nous intégrons également le rangement aux moments de jeu. Si les enfants décident de dessiner alors qu'ils jouent avec leurs cubes, je leur dis : « Il faut d'abord les ranger, non ? » Ranger au fur et à mesure fait désormais partie du jeu. Après avoir joué, ils ont le droit de regarder la télévision. Sachant qu'ils doivent d'abord ranger, ils le font rapidement. Le rangement est facile, car tous leurs jouets ont un emplacement fixe. Il suffit de les remettre à leur place.

Pour nos enfants, le rangement est tout simplement devenu une étape normale de la journée et non une *obligation* qu'ils détestent. Depuis qu'ils sont tout petits, nous avons pris l'habitude de ranger chaque jouet ou activité avant de passer au suivant.

Lorsque les jouets s'accumulent, nous en donnons. Chaque jouet a son emplacement. Nos enfants savent donc depuis le début que nous n'avons qu'un espace de rangement limité. « Nous avons acheté ce nouveau jouet, dis-je, mais regardez, il n'y a pas de place pour lui. Nous allons devoir nous débarrasser d'un jouet plus ancien avec lequel vous ne jouez plus. » Je suggère de le donner à un enfant qui y jouera davantage ou je leur demande si le jouet serait heureux d'être offert à un enfant.

Si vous souhaitez conserver des jouets ou des vêtements de bébé pour votre prochain enfant, choisissez-leur un emplacement. Lorsque vous faites du rangement, il est important d'admettre que la taille de votre maison et votre espace de rangement sont limités. Tout ce que vous décidez de garder réduit votre espace vital. Chez nous, par exemple, nous avons prévu un espace pour deux caisses de vêtements que nous gardons pour le prochain enfant. Une fois que nous savons quel espace de stockage nous avons, nous voyons clairement ce que nous devons garder.

Adaptez les rangements aux jouets

Lorsque je range les jouets, j'utilise un mélange de bacs pour les gros objets et de paniers et boîtes pour les petits objets. Je range tout à la verticale par catégories. Je connais ainsi l'emplacement de chaque objet et la quantité de chacun, et nos enfants peuvent facilement ranger tout seuls.

Pour les petits objets, je préconise des boîtes. Je m'en sers de deux façons. Dans un cas, le plus conventionnel, la boîte est fermée par un couvercle et contient un ensemble d'objets. Dans l'autre, les couvercles servent de plateaux ou de séparations et les boîtes de contenants. Par exemple, vous pouvez utiliser une boîte profonde pour ranger des articles hauts comme des marqueurs, des paillettes, de la colle ou de la peinture, puis utiliser le couvercle pour ranger des articles plus petits comme des tampons encreurs ou des aimants. Les pochettes semi-transparentes à zip sont parfaites pour garder à plat des objets comme les autocollants et les origamis. Elles peuvent ensuite être rangées à la verticale dans un panier. Vous pouvez même utiliser des pochettes plus grandes pour ranger les pièces des jeux de société, ce qui vous évite de devoir trouver de la place pour leurs boîtes encombrantes.

Exposez les jouets qui apportent le plus de joie sur une étagère basse que vos enfants peuvent atteindre. Ils seront encouragés à jouer. Vous pouvez aussi inverser les jouets de temps en temps pour que le plaisir reste entier.

kondo

Mettez de l'ordre dans votre vie professionnelle.

L'expérience m'a montré qu'être un bourreau de travail à un moment de sa vie n'est pas toujours une mauvaise chose. Lorsque j'avais environ 20 ans, j'organisais trois séances de rangement par jour. Chacune durant cinq heures, je travaillais de 6 heures à 23 heures. Mais j'étais jeune et je voulais consacrer cette période de ma vie au travail.

Trouver un équilibre confortable entre le travail et la vie privée dépend non seulement de chacun, mais aussi de l'étape de la vie dans laquelle nous nous trouvons. L'important est d'examiner attentivement le rythme de travail que vous souhaitez au moment présent et le type d'équilibre entre travail et vie privée qui vous convient. Par exemple, si vous travaillez sur l'un des plus importants projets de votre carrière et que vous vous moquez de n'avoir plus que 20 % de votre temps à consacrer à votre vie privée, vous pouvez tout à fait organiser votre emploi du temps et cette étape de votre vie pour donner la priorité à votre travail.

Ce qu'il faut éviter, c'est de travailler sans relâche dans la frustration ou en se demandant si nous avons raison de le faire. Lorsque nous travaillons sans but ni raison et que nous nous laissons emporter par le mouvement, nous finissons par nous sentir sous pression. C'est le moment de faire une pause et de réfléchir à notre style de vie.

Quand j'ai commencé à concilier ma carrière et l'éducation de mes enfants, je ne pouvais plus travailler comme je le faisais lorsque j'étais célibataire. Je n'ai pas eu d'autre choix que de renoncer à travailler de longues heures comme j'avais l'habitude de le faire. Être limité par le temps peut toutefois nous aider à trouver les moyens d'utiliser cette ressource plus efficacement. De la même manière qu'un espace de rangement limité permet de décider

plus facilement ce qu'il faut garder et où le garder, les contraintes de temps m'ont permis de mieux organiser mon temps.

Combien de temps consacrez-vous par jour à chaque tâche professionnelle ? Quelle charge de travail abattez-vous en une semaine ? Comment équilibrez-vous votre temps pour y parvenir ? Quelle partie de votre travail vous apporte le plus de joie ? Y a-t-il des tâches que vous faites par habitude et dont vous pourriez vous passer ? Y en a-t-il que vous pourriez accomplir plus efficacement ? Y a-t-il des réunions que vous pourriez annuler ? Quelles mesures pourriez-vous prendre pour avoir plus de moments de détente ? Prenez le temps de repenser votre travail quotidien en vous posant ces questions.

Pour une vie professionnelle joyeuse, trouvez l'équilibre qui vous convient.

Laissez s'exprimer votre créativité.

Permettez-moi de faire un peu de philosophie. Quel est votre but dans la vie ?

Je pense, au fond, que le but dans la vie est d'être heureux et épanoui. Je ne dis pas cela par égoïsme, en pensant « moi d'abord ». Lorsque nous dégageons une aura de bonheur, cette énergie positive se répand autour de nous et rend le monde meilleur. Pour atteindre cet objectif ambitieux, chacun de nous doit trouver le bonheur en harmonie avec son entourage. De quoi avons-nous besoin dans notre vie quotidienne pour que ce soit possible ? L'une des pistes est de découvrir notre potentiel créatif et d'en profiter.

Repenser à ce que nous avons toujours voulu essayer ou à ce que nous aimions dans l'enfance peut nous aider à comprendre quelles activités créatives nous permettent de nous épanouir. Par exemple, après la naissance de mes enfants, j'adorais passer du temps avec eux sur des activités comme la couture et le tricot. Je me suis souvenue de tout ce que j'aimais faire quand j'étais enfant, y compris le rangement. Ce n'est que lorsque le rangement est devenu ma profession que j'ai réalisé que j'y prenais plaisir depuis l'enfance.

Prendre le temps de réfléchir à tout cela peut nous aider à retrouver notre joie intérieure. Une fois à l'âge adulte, il est courant d'oublier ce que nous aimions dans l'enfance. Si nous faisons une pause le temps d'examiner nos penchants naturels, nous constaterons qu'ils sont liés à ce qui nous apporte de la joie.

Je vous recommande de vous demander quelles activités créatives vous procurent de la joie, puis d'augmenter le temps que vous y consacrez. Exploiter sa créativité, par exemple en apprenant à jouer d'un instrument ou en peignant, est un excellent moyen d'éprouver plus de joie au quotidien.

Trouvez des rangements adaptés à vos *komono*

Presque tous les foyers ont des *komono*, mais le nombre de catégories est tel que la majorité des questions de mes clients porte sur ce sujet. La plus fréquente est de loin : « Comment leur trouver un rangement qui suscite la joie quand il y en a tellement ? »

Le principe de base du rangement est de trier par catégories. La première étape consiste donc à répartir les *komono* en catégories telles que la papeterie, les cordons électriques, les médicaments et les outils. Une fois que c'est fait, je recommande de rassembler les catégories qui se ressemblent. Par exemple, vous pouvez ranger les cordons électriques près de votre ordinateur ou de votre appareil photo, car ce sont tous des articles électriques. Vous pouvez aussi faire comme certaines de mes clientes et ranger les *komono* à usage quotidien, comme la papeterie, près de votre ordinateur, puis identifier chaque sous-catégorie. À première vue, les différentes catégories de *komono* semblent clairement définies, mais elles ont souvent des points communs. Elles se fondent comme des dégradés de couleur. Lorsque vous rangez côte à côte des catégories similaires, imaginez que vous créez un magnifique arc-en-ciel dans votre maison.

L'une des étapes les plus agréables du rangement peut être l'organisation des *komono* liés aux loisirs, comme la couture, la peinture, les pinceaux ou les collections d'autocollants.

Ces objets nous apportent à eux seuls de la joie. Alors, efforcez-vous de transformer l'ouverture des boîtes où ils sont rangés en véritable moment de plaisir. Pour cela, je recommande d'utiliser des accessoires de rangement spéciaux comme de jolies boîtes anciennes ou choisies avec soin. Pour le moment, je n'ai pas beaucoup de boîtes de loisirs créatifs. Mais c'est bien d'y consacrer plus de temps, car le choix de vos loisirs et de vos centres d'intérêt, ainsi que des boîtes dans lesquelles vous rangez le matériel, est un vrai plaisir.

Récemment, je me suis mise à la broderie avec les enfants. J'ai trouvé une paire de jolis ciseaux anciens que l'on a plaisir à utiliser. J'adore faire le tour des antiquaires à la recherche de ce genre d'objets. Et quand je n'ai pas le temps, je regarde sur Internet. Je suis sûre que ceux d'entre vous qui aiment l'artisanat peuvent comprendre la joie que me procure le temps passé à chercher.

Vous craignez peut-être d'avoir accumulé trop d'objets liés à vos loisirs, mais il n'y a pas de risque. Il n'est pas nécessaire de se débarrasser des objets qui vous apportent de la joie. Par contre, je vous encourage à leur trouver un rangement qui vous rend heureux, même si cela prend plus de temps.

Le mouvement stimule votre flux énergétique.

Chaque matin, après avoir envoyé nos enfants à l'école, rangé la cuisine et fait une lessive, mon mari et moi partons nous promener et profitons de ce moment pour faire le point. Souvent, notre promenade se transforme en réunion de travail.

J'ai découvert qu'en intégrant aussi agréablement et efficacement l'exercice physique à ma routine, j'ai plus de chances de m'y tenir.

Si vous pensez détester le sport, reposez-vous la question. Y a-t-il des activités physiques qui vous procurent de la joie ? Certains aiment la danse, d'autres les randonnées dans la nature. D'autres (comme moi) préfèrent faire du yoga le matin ou le soir ou même bouger au quotidien en faisant le ménage ou en passant l'aspirateur.

Quels mouvements vous donnent de la joie ? Comment les pratiquer au quotidien pour faire circuler l'énergie dans votre organisme ? Ces mouvements pleins de joie peuvent devenir votre propre source de vitalité.

Nettoyer le sol est un exercice de méditation

Au Japon, l'usage veut que les enfants de primaire nettoient leurs salles de classe et les couloirs de leur école, et notamment les sols. Ils poussent les tables et les chaises contre le mur et passent un chiffon humide. En se positionnant dans ce qui ressemble à la posture du chien tête en bas, les genoux légèrement pliés, les bras tendus et le dos droit, ils poussent le chiffon devant eux et arpentent la salle de long en large jusqu'à ce que toute la surface soit propre. Lorsqu'ils ont terminé, le sol brille. Ayant grandi dans cette culture, je passe toujours un chiffon après avoir passé l'aspirateur.

Dans un livre sur le *seitai*, une thérapie orientale qui associe acupression et chiropraxie, j'ai lu un jour que nettoyer le sol à la japonaise est idéal pour défaire les nœuds dans le corps et restaurer l'équilibre. C'est tout à fait logique, car au bout d'environ cinq minutes, ma respiration devient plus fluide, mon dos se redresse et je me sens globalement beaucoup mieux. Lorsque notre corps est bien aligné, nous nous sentons ressourcés jusqu'à notre centre émotionnel et mental, les solutions nous viennent plus facilement, et les petits soucis ne nous tracassent plus. Nettoyer le sol, c'est comme pratiquer le yoga ou la méditation en faisant le ménage.

Au début, j'ai également remarqué que c'est devenu une forme de dialogue avec ma maison. Le sol en est la fondation. Le nettoyer de mes propres mains m'aide à me sentir en connexion avec elle et à l'apprécier encore plus. Lorsque je lui suis reconnaissante du soutien qu'elle m'apporte tout au long de la journée, elle semble réagir et, une fois propre, le sol est plus chaleureux.

Bien sûr, il est plus efficace de faire appel à des professionnels du nettoyage ou d'utiliser une serpillière, surtout dans une grande maison. Depuis que je vis aux États-Unis, j'ai moi-même engagé des professionnels. Mais comme j'aime nettoyer le sol, il m'arrive encore de me mettre à genoux et de le faire. C'est un exercice agréable.

En philosophie feng shui, nettoyer les sols, qui sont la fondation de la maison, attire les bonnes nouvelles et l'abondance financière. Si vous êtes énervé ou si vous avez moins l'occasion de sortir et de faire du sport qu'avant, pourquoi ne pas essayer de nettoyer le sol ? C'est bon pour le corps, pour l'esprit, et pour la maison. Et qui sait, cela pourrait même vous porter chance.

ときめく暮らし
朝のすごし方
tea time
夜のすごし方

Faites une pause pour prendre le thé.

Je fais toujours trois pauses-thé par jour : une le matin après avoir envoyé les enfants à l'école, une l'après-midi pendant le travail, et une dernière avant d'aller me coucher. Pendant ces pauses, j'évite de regarder mon téléphone portable ou mon ordinateur. Je m'assois dans le canapé et je me détends en écoutant de la musique classique.

Travailler de longues heures d'affilée nuit à notre efficacité. Lorsque nous sommes physiquement et mentalement fatigués, notre esprit a tendance à tourner en rond. Faire une pause autour d'une bonne tasse de thé est un excellent moyen de reprendre ses esprits.

Prévoyez dès le départ des pauses dans votre journée. Dix ou quinze minutes suffisent à faire la différence. Bien sûr, vous pouvez préférer un autre type de pause. Demandez-vous ce qui vous ressource le plus. Une promenade dans le quartier ? Une rapide séance de méditation ? Un café l'après-midi ?

Le thé me procure l'étincelle du bonheur. J'en ai toujours plusieurs sortes sous la main, notamment du thé noir, du thé matcha, du thé chinois et des infusions. Je choisis le thé qui convient le mieux à mon humeur du moment.

Matcha *latte*

POUR 1 TASSE

6 cl d'eau

1 cuillerée à soupe de thé matcha en poudre

25 cl de lait de votre choix

Édulcorant de votre choix

Le succès du thé matcha a gagné les États-Unis. Lorsque je prépare ce thé vert traditionnel en poudre, j'aime faire une petite cérémonie du thé en utilisant une cuillère-mesure traditionnelle et un fouet en bambou. Chaque geste – du moment où je dose le thé à celui où je le fouette et où je le bois – est très relaxant. C'est comme un exercice de méditation, ce qui donne une dimension encore plus spéciale à l'heure du thé. Récemment, nous avons acheté une machine à thé matcha qui réduit le thé en poudre et prépare un délicieux matcha *latte*. Mais comme vous le verrez plus loin, nul besoin d'un appareil aussi sophistiqué pour préparer un matcha *latte* à la maison.

Faites chauffer l'eau à 80 °C. Tamisez la poudre de matcha dans une tasse à l'aide d'une passoire fine. Ajoutez l'eau frémissante et fouettez le matcha et l'eau pour bien mélanger et faire mousser le thé. Faites chauffer et mousser le lait à l'aide de la buse vapeur d'une machine à expresso, d'un mousseur à lait électrique ou d'un mousseur à main. Versez la mousse de lait dans la tasse et fouettez à nouveau. Au besoin, ajoutez un édulcorant et buvez sans attendre.

Chérissez les relations et les activités sociales qui suscitent la joie dans votre cœur.

Vos relations vous apportent-elles de la joie ?

Si nous voulons que notre vie suscite la joie, nous devons penser à nos rapports avec notre famille, mais aussi avec nos collègues de travail, nos amis, nos voisins et les membres de nos différents groupes. Prenez le temps de réfléchir à chacun d'entre d'eux.

Si vous avez l'impression que l'une de vos relations manque de joie, je vous conseille de vous interroger sur les causes possibles et de réfléchir sincèrement à vos propres sentiments. Vous comprendrez peut-être ce qui a provoqué ces tensions entre vous ou que votre mésentente est due à vos différences de personnalité. Si tel est le cas, essayez de réfléchir concrètement à des stratégies pour rester calme lorsque vous êtes ensemble. Par exemple, faites l'effort de saluer la personne chaque fois que vous la croisez. Ou, s'il vous est impossible de vous entendre, envisagez de cesser tout contact. Chaque fois que vous repensez vos relations, n'oubliez pas d'en construire qui vous mettent en joie.

Il est également important pour moi d'être attentive aux personnes qui jouent un rôle dans ma vie et de leur en être réellement reconnaissante. Quelqu'un m'a dit un jour qu'il notait leur nom. Cette idée m'a semblé si belle que je l'ai adoptée. Et je la conseille à tout le monde. Écrivez leur nom dans un carnet en pensant à ce qu'elles font pour vous et au soutien qu'elles vous apportent. Vous prendrez ainsi conscience de l'importance de votre relation et vous commencerez naturellement à les traiter avec plus de gentillesse, à les remercier et à les contacter plus souvent. Vos rapports n'en seront que plus faciles.

Rendre à votre communauté ce qu'elle vous a donné favorise la gratitude.

Apporter sa contribution à la vie locale semble faire partie intégrante de la culture américaine. C'est une attitude que j'ai appris à profondément apprécier depuis mon arrivée aux États-Unis. Par exemple, le jour où j'ai aidé un quartier à ranger son église, il était évident, en voyant tous les habitants du quartier participer, qu'ils se soutenaient les uns les autres. J'ai redécouvert l'importance de cet acte très naturel.

Je ne vis plus au Japon, mais je me demande toujours comment rendre à mon pays ce qu'il m'a donné. Je fais connaître le merveilleux artisanat et la culture du Japon. Bien sûr, cela consiste surtout à parler de la méthode KonMari, qui vient de mes racines japonaises. Mais je partage aussi d'autres choses, notamment les *donabe*, ces marmites traditionnelles en terre cuite finement ouvragées, et les boîtes à bento. Je les utilise dans ma vie personnelle, mais je les fais aussi découvrir à un public plus large par le biais de ma boutique en ligne. Je collabore aussi avec des designers pour fabriquer des articles comme des sacs à vêtements et des torchons à partir de mon coton biologique japonais préféré. Je partage des coutumes traditionnelles japonaises, comme la composition florale, la cérémonie du thé et l'habitude de se déchausser à l'entrée de la maison. Je ne vis plus au Japon, mais je continue d'apporter ma contribution. L'idée de rendre au pays où je suis né et où j'ai grandi ce qu'il m'a donné me remplit de joie.

Si vous vous demandez comment rendre à la société ce qu'elle vous a donné, vous pouvez commencer par penser au type de communauté auquel vous appartenez et réfléchir à ce que vous pourriez faire au sein de cette communauté. Que pouvez-vous

apporter ? Comment aider ? Y a-t-il des organisations auxquelles vous pouvez faire un don ? Si vous ne trouvez pas d'action concrète pour le moment, demandez-vous comment exprimer votre gratitude à ceux qui apportent actuellement leur contribution. Que pouvez-vous faire pour rendre les autres membres de votre communauté plus heureux ? Pouvez-vous proposer une nouvelle approche ou une nouvelle technologie qui faciliterait les choses ou suggérer de se débarrasser d'une approche obsolète qui ne répond plus aux besoins de la communauté ?

Quelle pourrait être la contribution qui apporterait chaque jour, à vous et à votre entourage, une étincelle de joie ?

CHAPITRE 6

La joie en soirée

Pour savoir si vos soirées vous procurent de la joie, voyons ce que vous faites entre le dîner et le coucher. Et demandez-vous comment vous aimeriez terminer la journée.

Les recettes de famille créent du lien et sont bonnes pour la santé.

Si vous vivez en famille et que vous souhaitez faire du dîner un moment de joie, commencez par vous demander comment vous asseoir tous ensemble. Si vous vivez seul, vous pouvez mettre de la joie dans votre cadre de vie, par exemple en sortant votre nappe ou votre set de table préféré, en décorant votre table à votre goût, en utilisant un joli porte-couteau ou en plaçant un bouquet de fleurs sur la table. Le moment où l'on se retrouve seul ou en famille à la fin d'une journée bien remplie est précieux. Lorsque l'on dîne à plusieurs, chacun a plaisir à partager ce qui a égayé sa journée.

Chez nous, le dîner comme le petit-déjeuner sont presque toujours à la japonaise. Nous tenons à ce que toute la famille prenne des repas sains et joyeux. Nos menus se composent donc d'aliments fermentés et veillent au bon équilibre entre les légumes et les protéines. Nos enfants sont encore petits, mais ils adorent mes épinards à la sauce sésame. Ils aiment aussi les ailes de poulet au vinaigre noir. La recette me vient de ma mère.

Si certaines de vos recettes vous ont été transmises par vos parents ou vos grands-parents et sont griffonnées sur des bouts de papier ou des fiches recettes, pourquoi ne pas essayer de les mettre en valeur ? Choisissez et décorez un classeur ou une boîte qui vous plaît, ou fabriquez-le. Vous pourrez y rassembler vos recettes et cette méthode de rangement n'aura de cesse de vous apporter de la joie.

Si toutes vos recettes se trouvent dans des livres de cuisine dont seuls certains vous procurent de la joie, vous pouvez vous amuser à créer un album de scrapbooking. Bien sûr, vous pouvez conserver les livres de cuisine que vous aimez vraiment. J'en ai moi-même beaucoup. Mais s'il y en a que vous utilisez peu ou qui ne correspondent plus à votre style de vie actuel, vous pouvez créer votre propre livre de recettes en copiant et en rassemblant les recettes ou les photos que vous aimez.

Profitez des recettes qui suscitent vraiment la joie pour composer toute une série de repas qui nourrissent aussi bien votre organisme que votre rapport aux autres.

simple
DIANA HENRY
kitchen matters
WATERS
THE ART OF SIMPLE FOOD II
SUNDAY SUPPERS AT LUCQUES
«IN THE GREEN KITCHEN» ALICE WATERS
THE WAY WE EAT
ASSOULINE
Green Kitchen at Home
David Frenkiel and Luise Vindahl
Eat, Reset, Heal
THE CLEAN PLATE
GWYNETH PALTROW
CRAPANZANO
EAT. COOK. L.A.
ADEENA SUSSMAN
sababa
FALASTIN
MEXICO THE COOKBOOK
SPICE
ANA SORTUN
PLENTY MORE
THE FLAVOR EQUATION
Amy Chaplin
Whole Food Cooking Every Day
Cannelle et Vanille
ARAN GOYOAGA
Bavel
Super Natural Cooking
Salad for President
HIGH VIBRATIONAL BEAUTY
Deborah Madison
IN MY KITCHEN
IT'S ALL EASY
GWYNETH PALTROW
goop press
DINNER AT THE LONG TABLE
SUNDAY SUPPERS
A Year of Family Recipes
shine
GJELINA
Six Seasons
COOK BEAUTIFUL

Épinards à la sauce sésame

POUR 4 PERSONNES

1 cuillerée à soupe de graines de sésame blanc grillées

1 pincée de sel

180 g d'épinards bien tassés

1/2 cuillerée à café de sauce soja

Les épinards sont riches en fer et les graines de sésame sont des antioxydants. Ce plat nourrissant et facile à préparer est un grand classique de la cuisine familiale japonaise.

Broyez les graines de sésame avec un pilon et un mortier ou dans un moulin à épices.

Portez à ébullition une casserole d'eau. Salez l'eau, plongez-y les épinards et faites-les blanchir pendant 45 à 60 secondes, jusqu'à ce qu'ils soient juste tendres.

Égouttez les épinards dans une passoire et passez-les sous l'eau froide pour stopper la cuisson. Chassez l'excès d'eau, coupez les épinards en tronçons de 5 cm et disposez-les sur un plat de service.

Dans un petit bol, mélangez les graines de sésame écrasées et la sauce soja. Versez cette sauce sésame sur les épinards et mélangez avec des pinces. Servez immédiatement.

Le ragoût d'ailes de poulet au vinaigre noir de ma mère

POUR 4 PERSONNES

2 cuillerées à soupe plus 2 cuillerées à café de sauce soja

12 ailes de poulet

4 cuillerées à café d'huile de sésame ou d'huile d'olive

2 ou 3 cm de gingembre non pelé coupé en 4 rondelles

1 gousse d'ail émincée (facultatif)

1 litre d'eau

4 cuillerées à soupe de vinaigre de riz noir ou de vinaigre de votre choix

4 cuillerées à soupe de sauce d'huître

2 cuillerées à soupe de sucre

2 cuillerées à soupe de saké

1 botte de ciboule japonaise ou d'oignon nouveau (voir note), parties tendres blanches et vertes coupées en diagonale en morceaux de la taille d'une bouchée (facultatif)

1 carotte épluchée et coupée en morceaux de la taille d'une bouchée (facultatif)

1 cuillerée à soupe de coriandre ciselée (facultatif)

Riz blanc ou brun cuit en accompagnement

Quand j'étais enfant, ma mère me préparait souvent cette recette savoureuse et riche en protéines. Aujourd'hui, je perpétue la tradition en la servant fréquemment à ma propre famille. Si vous n'avez pas de sauce d'huître sous la main, vous pouvez la remplacer par du vinaigre noir.

Versez les 2 cuillerées à café de sauce soja dans un bol peu profond. Piquez la peau des ailes de poulet avec la pointe d'un couteau, puis roulez-les dans la sauce soja.

Dans une grande casserole, faites chauffer à feu moyen l'huile de sésame. Faites revenir le gingembre et l'ail pendant 2 minutes, le temps qu'ils dégagent leur parfum. Ajoutez les ailes de poulet, en plusieurs fois si nécessaire, et faites-les dorer 2 à 3 minutes de chaque côté.

Pendant ce temps, dans un bol, mélangez l'eau, le vinaigre de riz noir, la sauce d'huître, les 2 cuillerées à soupe restantes de sauce soja, le sucre et le saké. Versez ce mélange sur les ailes de poulet dans la casserole et portez à ébullition la sauce. Ajoutez la ciboule et la carotte, réduisez le feu et laissez mijoter à feu moyen-doux et à couvert pendant 20 minutes.

Saupoudrez les ailes de coriandre et servez-les bien chaudes avec du riz.

Note : si vous remplacez la ciboule japonaise par de l'oignon nouveau, incorporez-le dans les dernières minutes de cuisson.

Découvrez les joies de la fermentation.

Récemment, j'ai commencé à préparer mes propres aliments fermentés, comme le miso et l'*amazaké*. La saveur dépend non seulement du riz, des germes de soja et du malt de riz utilisés, mais aussi des mains du cuisinier. En effet, notre peau est le foyer de bonnes bactéries plus ou moins acides ou alcalines selon chacun. C'est ce qui explique que le miso pétri à la main a un goût différent – parfois plus doux, parfois plus fort – en fonction de la personne qui l'a préparé. Il est propre à chaque cuisinier. C'est l'une des joies de la fermentation maison.

À l'intérieur, notre corps héberge également d'innombrables bactéries qui veillent au bon fonctionnement de notre système immunitaire et corrigent les déséquilibres à l'origine des maladies ou de la fatigue. Les vitamines et les acides aminés présents dans les aliments fermentés contribuent à activer nos bonnes bactéries.

Pourquoi ne pas vous donner le temps de prendre soin de votre flore intestinale en préparant ou en mangeant des aliments fermentés ? Si vous leur exprimez votre gratitude, vous apprécierez encore plus votre corps.

Magnifique *amazaké*

POUR 8 À 10 PERSONNES

2 litres d'eau

400 g de riz blanc japonais ou de riz gluant rincé

400 g de *koji* de riz séché

L'*amazaké* est une boisson traditionnelle japonaise fermentée à base de *koji* de riz, ou malt de riz. Elle est légèrement sucrée et faiblement alcoolisée. Le maintien de la bonne température est important pour une fermentation réussie. Si le mélange est trop chaud ou trop froid, le riz ne fermentera pas. Soyez très vigilant pendant cette étape de la recette – un autocuiseur ou un cuiseur à riz électrique fera l'affaire – et assurez-vous d'avoir un thermomètre à portée de main pour être sûr de conserver la bonne température.

Dans une casserole moyenne munie d'un couvercle, portez à ébullition l'eau. Plongez le riz, baissez le feu et laissez mijoter, à couvert, pendant 15 minutes, jusqu'à ce que le riz soit tendre et uniformément cuit. Si vous utilisez un cuiseur à riz, actionnez la fonction porridge.

Laissez refroidir le riz à une température comprise entre 55 °C et 60 °C, puis incorporez le *koji*. (N'oubliez pas : il est essentiel de maintenir la température.)

Placez le mélange dans un autocuiseur électrique réglé sur feu doux ou dans un cuiseur à riz réglé sur « Maintien au chaud » et laissez fermenter pendant 8 heures, à découvert, jusqu'à ce que l'*amazaké* ait pris un goût sucré et ressemble à de la bouillie de riz. Pendant la fermentation, remuez le mélange et mesurez la température toutes les 2 heures. Remuez pour faire baisser la température si elle monte trop haut et couvrez avec un linge humide pour empêcher l'évaporation.

Servez chaud ou froid dans une petite tasse. Si la fermentation se poursuit, l'*amazaké* devient aigre. Pour l'éviter, portez à ébullition ce qui reste afin de stopper le processus. La préparation se conserve ensuite jusqu'à 10 jours au réfrigérateur dans un récipient hermétique.

Les leçons de mon grand-père

Mon grand-père était acupuncteur. Il soignait les lutteurs de sumo et les aidait à prévenir leurs blessures et à en récupérer. Il intervenait également dans des émissions de télévision pour expliquer les bienfaits sur la santé de la pression sur certains points des oreilles et de la plante des pieds. Ma mère était elle aussi passionnée de santé et adepte des dernières tendances du bien-être vantées dans les livres et à la télévision. Ayant grandi à leur contact, j'ai naturellement été influencée.

Ma mère posait une pince à linge sur mon oreille en disant : « Si tu stimules ce point de pression, tu auras l'esprit vif et un joli teint. » J'écoutais, captivée. Quand j'étais au lycée, la dernière tendance était de se tapoter l'avant de la voûte plantaire. Je m'y suis livrée avec passion. Je ne sais pas si cela a fonctionné, mais quand j'y repense, ce geste stimulait les points de pression de la plante des pieds et donc la circulation.

Ma mère et mon grand-père m'ont également enseigné les aliments sains et la cuisine. Ma mère préparait du kéfir et faisait bouillir les restes de légumes dans de l'eau qu'elle filtrait ensuite pour obtenir un bouillon très clair. Le bouillon était fade, mais je sentais qu'il était bon pour ma santé.

L'acupression et le bouillon de légumes améliorent tous deux la circulation des fluides corporels et facilitent le bon fonctionnement des intestins. Pour prévenir la constipation, je veille à manger suffisamment de fibres et d'aliments fermentés et à maintenir un bon apport hydrique. Lorsque nos intestins fonctionnent bien, les fluides circulent mieux dans tout l'organisme.

Chez beaucoup de mes clients, le rangement provoque un effet curieux : une fois leur maison débarrassée des objets qui ne leur apportaient aucune joie, leurs intestins se vident spontanément. Ce lien de cause à effet ne repose sur aucun fondement scientifique. Il pourrait être dû à un autre facteur comme l'exposition à la poussière, mais ce phénomène m'a été rapporté par de nombreux clients. Notre esprit et notre corps sont interconnectés. Lorsque vous faites du rangement, imaginez que vous nettoyez aussi votre système digestif. Vous constaterez peut-être que votre circulation s'améliore et que votre teint s'illumine.

Savourez un style de vie peu pratique

Dans mon métier, je vois défiler toutes sortes d'engouements pour des gadgets ménagers « pratiques » : les couvercles en silicone réutilisables qui remplacent le film plastique, les clips pour refermer les sachets alimentaires, les boules de lavage qui permettent de se passer de lessive, les machines à fabriquer des chips, et ainsi de suite. Pour certains qui finissent par s'imposer dans les foyers, des centaines d'autres disparaissent aussi vite qu'ils sont apparus parce qu'ils sont moins pratiques qu'il y paraît.

Ces dernières années, j'ai observé un phénomène intéressant. Mes clients font leurs conserves et leurs pickles et fabriquent même leur propre miso. La consommation d'aliments fermentés a elle aussi connu un véritable essor après la redécouverte de ses bienfaits sur l'équilibre de notre intestin. Ce sont mes clients qui m'ont donné envie de fabriquer mon propre miso (voir page 126). Il faut du temps, mais l'attente est chaque fois exaltante.

Ce désir de faire l'effort de fabriquer soi-même ne se limite pas à la fermentation. Certains clients me proposent du bacon maison ou des carottes du jardin. Il ne se limite pas non plus à l'alimentation. Certaines de mes clientes utilisent désormais des protections hygiéniques en tissu, tandis que d'autres se sont remises à la couture.

J'ai l'impression qu'au fur et à mesure de l'avancée de mes clients dans le rangement, moins ils possèdent d'articles « pratiques », mais pas vraiment utiles, plus ils optent pour un style de vie *moins* pratique. Pour leur plus grand bonheur !

La raison est simple. Une fois le rangement terminé, vous avez plus de temps. C'est même le plus grand changement qui se produit. On passe beaucoup moins de temps à chercher ses affaires et à prendre des décisions. Fini le temps auparavant consacré à ces tâches peu agréables. Mettre de l'ordre dans sa maison semble favoriser un puissant désir de vivre en pleine conscience.

Il y a quelque temps, j'ai rendu visite à un couple qui avait terminé son festival du rangement. Après avoir mis de l'ordre, ils ont quitté Tokyo pour élever leur enfant à la campagne et se lancer dans l'agriculture. « Nous n'avons plus la télévision et nous avons renoncé à beaucoup de choses, mais notre vie est bien plus gratifiante », m'ont-ils expliqué. En disant cela, ils se sont arrêtés pour regarder leur fille de 4 ans qui s'amusait à arracher les mauvaises herbes dans le jardin. « En fait, a fait remarquer l'un d'eux, c'est peut-être l'environnement idéal pour l'éduquer à la "sagesse" au sens propre du terme. Ne pas tout avoir enseigne la patience. Cela stimule l'esprit et nous rappelle d'être reconnaissants pour les petites choses. »

Faites une retraite mentale par la relaxation et la méditation.

Chaque matin, chaque après-midi et chaque soir, je prends le temps de me détendre, mais je suis mère de jeunes enfants et, avec mon style de vie actuel, j'ai du mal à trouver le temps de méditer. Lorsque j'étais célibataire, je pouvais programmer des moments de méditation dans la journée. Aujourd'hui, je médite en faisant autre chose.

Je médite en me promenant, en faisant des étirements avant de me coucher, en faisant le ménage ou en cuisinant. Toutes ces activités peuvent se faire en méditant. Je peux faire le vide dans mon esprit pendant un acte simple et répétitif, comme émincer des légumes pour préparer un minestrone. Il me suffit de me concentrer pleinement sur la tâche à accomplir. Dès qu'une pensée ou un sentiment surgit dans mon esprit, je le laisse filer sans m'y accrocher.

Au Japon, les moines bouddhistes considèrent le ménage et toutes les autres tâches du temple comme une forme de méditation. Ils ne nécessitent aucune réflexion, et la concentration sur les mouvements permet de chasser les pensées perturbatrices de son esprit.

En incluant dans votre routine quotidienne des moments où vous pouvez faire le vide dans votre esprit, vous pourrez progressivement augmenter le temps que vous consacrez chaque jour à la méditation.

Soyez impatient de retrouver votre rituel du soir.

Lorsque j'étais étudiante, j'étais toujours à l'affût de la dernière tendance en matière de rituel du coucher. Les magazines préconisaient tour à tour le massage du visage, les exercices d'étirement ou le yoga, et, chaque soir, sans exception, je suivais religieusement tous leurs conseils. À l'époque, j'étais déjà perfectionniste. Lorsque j'essayais quelque chose, je le faisais toujours « vite, à fond, d'une traite ». Mais le jour où j'ai obtenu mon diplôme et où j'ai commencé à travailler dans une entreprise, j'étais tellement occupée que les choses ont commencé à déraper. Il m'arrivait fréquemment de m'endormir sans me démaquiller ou, pire encore, de m'assoupir par terre ou le visage collé contre mon ordinateur.

À force de tâtonner, j'ai progressivement trouvé une routine de coucher idéale adaptée à mon style de vie. Maintenant que je suis mariée et que j'ai des enfants, les soirées se déroulent généralement ainsi : après le repas familial, je mets les enfants au lit à 19 h 30 en leur racontant des histoires. Mon mari va généralement se coucher à la même heure. Comme il travaille essentiellement avec le Japon, il doit souvent se lever avant 4 heures du matin. Une fois que tout le monde est couché, je peux me détendre. Je range la cuisine, je prépare les repas du lendemain, je consulte mes e-mails et j'établis un programme. Puis je me prépare un thé et je repense à ma journée. Lorsque je remarque certaines choses dont je devrais être reconnaissante ou que j'aimerais faire différemment ou améliorer, je les note dans mon carnet.

Je suis du matin. Je n'ai donc pas de routine du coucher fixe. Parfois, je diffuse des huiles essentielles et j'applique des crèmes de soin. Parfois, j'ajoute quelques étirements pour me détendre.

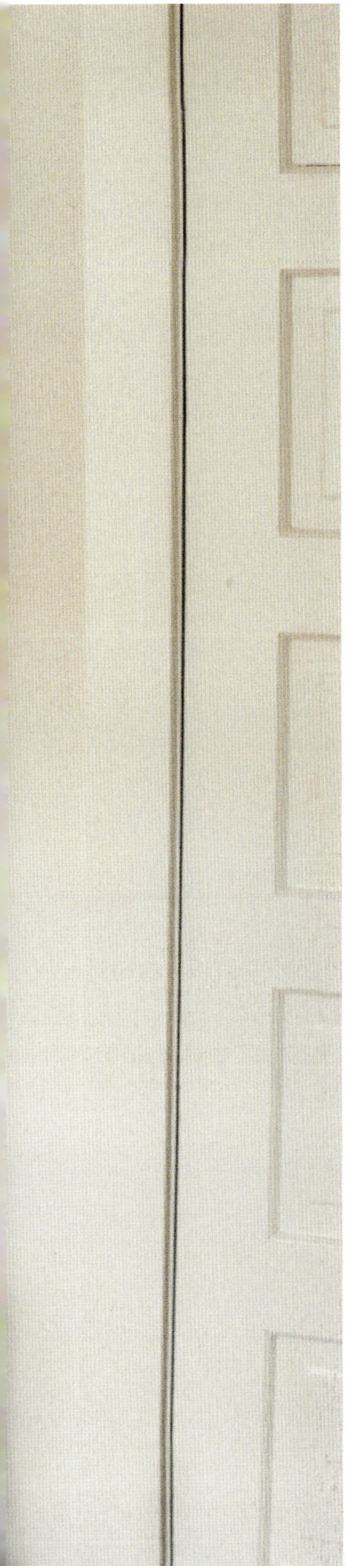

Mon objectif est simplement de me relaxer pour pouvoir passer une bonne nuit de sommeil. Mes besoins varient selon les jours.

Plutôt que de suivre toujours le même rituel immuable, je prête attention à ce qu'il ne faut pas faire. Par exemple, j'évite tout ce qui stimule le système nerveux autonome, comme les boissons froides ou Internet.

Si j'ai du temps, je prends un long bain. Au Japon, les baignoires sont profondes et nous prenons généralement un bain par jour. C'est un moyen efficace de se réchauffer et de se détendre. Les maisons japonaises étant souvent trop petites pour offrir une grande intimité, l'heure du bain est aussi l'un des rares moments où l'on peut jouir de la solitude. Il n'en est que plus précieux. Prendre le temps de savourer son bain en ajoutant ses sels préférés ou en allumant des bougies peut suffire à chasser la fatigue et aider à bien dormir. Si vous préférez prendre un bain le matin, c'est l'occasion de nettoyer à la fois votre corps et votre esprit et de commencer la journée en vous sentant comme neuf.

Les coutumes et les situations varient considérablement d'une région et d'un pays à l'autre. Dans certains, l'eau est rare et chère et les habitants la préservent soigneusement. Depuis que j'ai emménagé aux États-Unis, je ne prends plus un bain tous les jours, mais plutôt une douche ou un bain de pieds. Pouvoir modifier les éléments qui vous apportent de la joie en fonction de l'endroit où vous vivez est l'un des charmes des différences de style de vie.

Que vous préfériez le bain ou la douche, le but est le même : la propreté. Au Japon, se laver est considéré comme un acte de purification qui vous débarrasse non seulement de la saleté physique, mais aussi des pensées négatives et des sentiments refoulés accumulés au cours de la journée. Quelle que soit la forme que prend cette coutume, elle est parfaite.

Un bon rituel du soir peut nous aider à nous réveiller avec un sentiment de fraîcheur, voire de renaissance. Tout notre être semble parfaitement aligné, comme lorsque chaque objet se trouve parfaitement à sa place. C'est comme si notre esprit avait été remis en ordre pendant notre sommeil. Nous pouvons avoir un éclair de lucidité et résoudre un problème récurrent ou prendre conscience que l'inquiétude est une perte de temps. Pour moi, l'aromathérapie, le yoga et le bain avant le coucher ont tous ce même effet revitalisant.

Lorsque nous nous réveillons le matin avec le cœur et l'esprit frais, il devient tellement plus facile de choisir les actes qui combleront notre journée. L'heure du coucher pourrait donc bien être le moment clé de la journée pour adopter notre style de vie idéal.

Portez uniquement des pyjamas en coton ou en soie.

Lorsque nous rangeons en ne conservant que les objets que nous aimons, nous sommes considérablement plus sensibles à la joie. J'entends par là que nous aiguisons nos cinq sens. Ranger nous fait prendre conscience de nos préférences en termes de goût, d'odeur, de toucher, de vue et de son. Se demander régulièrement si une chose suscite de la joie aiguise ces facultés humaines innées.

Parmi les cinq sens, l'odorat et le toucher ont l'évolution la plus nette. Bien entendu, le rangement stimule aussi la vue. D'une part, il réduit considérablement le volume des objets qui encombrent notre champ de vision et nous permet de voir plus facilement ce dont nous n'avons pas besoin. D'autre part, en réfléchissant à l'organisation de beaux rangements, nous devenons plus sensibles à la beauté. Mais notre vue est déjà bien affûtée, car c'est le sens que les êtres humains utilisent le plus pour prendre des décisions. Ce sont donc l'odorat et le toucher qui évoluent le plus.

Ce qui m'amène au sujet principal. Si je pense que le rangement aiguise particulièrement ces deux sens, c'est parce que j'ai remarqué qu'après avoir rangé, mes clients deviennent très attentifs aux matières. Par exemple, le nombre de vêtements en synthétique dans leur garde-robe diminue, et ils commencent à préférer les sacs en tissu aux sacs plastique. Cette sensibilité accrue à la joie les pousse à aller vers les objets dont le contact avec la peau est agréable (toucher) et qui créent une atmosphère agréable (odorat).

Par *atmosphère*, je n'entends pas seulement les parfums, comme l'encens. Notre odorat détecte quelque chose de plus fondamental, à savoir des essences qui, dans l'air, façonnent l'ambiance de la maison. Par exemple, les objets en bois dégagent de la tranquillité et de la sérénité ; l'acier, une fraîcheur empreinte de dignité ; et le plastique, un fracas animé. La nature de l'air qui emplit votre maison dépend des matériaux qui la composent. Et c'est votre odorat qui est le plus sensible à la moindre variation.

C'est pour cela que je suis très exigeante avec les pyjamas. Je ne porte que de la soie ou du coton. Les pyjamas en soie sont très rares. Donc, en réalité, la plupart de mes pyjamas sont en coton, voire presque exclusivement en coton biologique doux, plus respectueux de l'environnement et de la peau.

Le seul moment où nous pouvons échapper à nos pensées et nous détendre complètement, c'est en dormant. Si nous recherchons le confort, le mieux est de miser sur les heures que nous passons à dormir. Personnellement, je trouve généralement l'inspiration et les solutions aux problèmes le matin au réveil. Se pourrait-il qu'un sommeil profond et réparateur stimule notre sixième sens, qui transcende les cinq autres ?

Parcourir un album de scrapbooking avant de se coucher.

Enfant, je rêvais de me blottir dans mon lit avec mon album de photos préféré ou un beau catalogue d'art. Je m'imaginais feuilleter les pages en buvant une tisane jusqu'à ce que je m'endorme. Cette image me venait peut-être d'une scène de film ou d'une photo de magazine. Mais pour réaliser ce rêve, je devais trouver un livre avec de belles images ou de belles photos, ce qui était assez difficile. J'ai cherché partout le livre parfait. J'ai consulté des magazines de décoration à la bibliothèque et acheté des livres photo sur différents pays.

Finalement, lors d'une exposition, je suis tombée sur un catalogue de vaisselle utilisée par la reine Victoria. Les photos étaient magnifiques. J'étais fascinée. Au fil des pages, je découvrais des assiettes ornées de motifs floraux exquis, une théière avec un couvercle surmonté d'un oiseau et des tasses à thé ornées d'élégants motifs bleus. À chaque page, je revoyais la vaisselle que j'avais vue à l'exposition et l'enchantement recommençait.

Il y avait cependant un problème. Les catalogues d'art sont grands, encombrants et plus lourds qu'un dictionnaire. Quand j'étais dans mon lit et que je le tenais sur mes genoux, au bout de quelques minutes, j'avais mal au plexus solaire. Impossible de m'assoupir. Et si je l'ouvrais sur mon lit et m'allongeais sur le ventre, je risquais de renverser mon thé. Que faire ?

En y regardant de plus près, je me suis rendu compte que plus de la moitié des deux cents pages du catalogue contenait du texte, en grande partie rédigé en anglais – une langue que je ne maîtrisais pas à l'époque. Le nombre de pages qui me procuraient réellement de la joie était très limité. Seules cinq ou six photos me plaisaient vraiment. J'ai donc découpé les pages et je les ai collées dans un album de scrapbooking dont j'aimais la couverture couleur chocolat à l'ancienne. Le résultat fut au-delà de mes espérances.

Depuis, je continue de découper des images ou des photos que j'aime dans des livres et de les coller dans cet album. Je ne choisis que celles qui me procurent vraiment de la joie. Par exemple, si j'aime une paire de chaussures portée par un mannequin sur une photo, je ne découpe que les chaussures. Bien sûr, si le livre est en bon état et peut être vendu ou donné, évitez les coups de ciseaux. Vous pouvez vous contenter de faire des photocopies couleur. Le but est de s'assurer de ne pas passer à côté de photos qui vous apportent de la joie, mais de ne conserver qu'elles, avant de vous séparer du livre. (Et si l'ensemble du livre vous procure de la joie, gardez-le, bien sûr !)

Si je suis attirée par une photo dans un magazine chez le coiffeur, je note le numéro et je m'en procure un exemplaire. J'ai de la chance quand je trouve une seule photo qui me plaît parmi dix magazines. C'est dire à quel point cette rencontre est rare et précieuse. L'expérience m'a montré que lorsque nous reconnaissons et apprécions les petits bonheurs de la vie, nous avons plus de chances de vivre les grands bonheurs qu'elle nous offre.

Mon album est organisé par couleurs. Quand j'ai besoin d'énergie, je l'ouvre à la page orange. Quand j'ai envie de me détendre, je regarde la collection des verts. J'ai également une page consacrée aux gâteaux et aux desserts japonais que je consulte lorsque j'ai envie de sucré. (C'est peut-être celle que je regarde le plus souvent !) Lorsqu'une image ne m'apporte plus de joie, je n'hésite pas à la retirer et à la remplacer.

Cet album est un rêve d'enfant, le rêve de me blottir dans mon lit avec une tasse de thé et un album de superbes photos. Si l'idée vous plaît, pourquoi ne pas créer votre propre collection spéciale en restant à l'affût des images qui vous procurent de la joie ?

La magie révolutionnaire d'une pratique quotidienne de la gratitude.

Je prie chaque soir avant de m'endormir. *Prier* est peut-être un mot trop formel pour qualifier ce que je fais. J'exprime simplement de la gratitude dans mon esprit. Au début, j'imaginais vaguement parler à Dieu ou aux esprits de mes ancêtres. Mais progressivement, des images concrètes de personnes et d'objets familiers me sont venues à l'esprit.

Aujourd'hui, je commence par remercier mon pyjama, puis je passe à mon lit, ma chambre et ma maison, en remerciant chacune des choses qui m'entourent. Ensuite, je pense à mon mari, mes enfants, mes parents, mes frères et sœurs, mes quatre grands-parents, leurs parents et, au-delà, à des ancêtres que je ne connais même pas, mais qui sont reliés à moi par notre arbre généalogique. Je sens alors la gratitude monter en moi. Je me sens profondément reconnaissante d'être là, ici et maintenant, et d'être toujours protégée par quelque chose de bien plus grand que moi. Mon corps devient plus léger et je m'enfonce dans le sommeil.

Ajouter une pratique de la gratitude à votre routine du soir, que ce soit en tenant un journal ou en concentrant votre attention une fois dans votre lit, vous débarrasse du poids de vos problèmes. En repensant aux motifs de votre gratitude, vous prenez du recul et vous aiguisez votre joie et votre reconnaissance pour toutes les belles choses de votre vie.

Entraînez-vous à accueillir les cadeaux

Les personnes qui savent offrir des cadeaux sont merveilleuses, vous ne trouvez pas ? Je suis tout le contraire. J'ai même traversé une phase durant laquelle je n'offrais rien excepté, pour les grands événements, une carte, un bouquet ou de la nourriture, craignant qu'un cadeau durable ne soit un poids pour le destinataire.

Pourquoi cette « phobie des cadeaux » ? Peut-être parce que je voyais mes clients se demander avec angoisse s'ils pouvaient se débarrasser des cadeaux qui ne leur procuraient aucune joie et se débattre dans des discussions pénibles chaque fois que l'un d'eux commettait le péché capital de jeter un cadeau devant celui qui le lui avait offert. Bien sûr, j'ai évité d'accumuler des objets inutiles et j'ai toujours décliné poliment les propositions de mes clients de me servir parmi les objets qu'ils avaient choisi de ne pas conserver.

Kaori, mon ancienne secrétaire, est comme moi. Elle est douée pour le rangement et évite d'accumuler des objets superflus. Pour son anniversaire, je lui demandais toujours ce qu'elle voulait ou je lui offrais un cadeau pratique, comme des coupons pour du riz. Mais pour son mariage, je voulais marquer l'événement. Je voulais lui offrir un cadeau fait maison – numéro un sur la liste des cadeaux non désirés. Pour être sûre de lui faire plaisir, j'ai consulté l'ensemble du personnel et nous avons décidé de lui fabriquer une manique en forme de cœur. Chacun s'est vu confier une tâche : l'achat du tissu, la fabrication de la base, la broderie et l'ajout de perles. À la fin de chaque étape, la manique passait à la personne suivante. J'étais chargée de la broderie et, à ma grande surprise, j'y ai pris tellement de plaisir que je me suis totalement investie dans ce travail. Au fur et à mesure que mon aiguille piquait et repiquait le tissu et que je brodais les mots préférés de Kaori, j'ai réalisé que le rangement m'avait fait me sentir coupable d'acquérir de nouveaux objets. Et qu'au moment d'offrir un cadeau à une proche, je m'inquiétais de lui causer des problèmes au lieu de songer à mon désir de lui faire plaisir.

Ce rejet des cadeaux a disparu devant le visage radieux de Kaori. Aujourd'hui, j'en offre plus souvent. C'est un geste merveilleux. J'ai aussi commencé à en recevoir davantage, ce qui est tout aussi merveilleux. Certains me taquinent en disant : « Je parie que lorsque vous recevez un cadeau, vous le remerciez pour la joie qu'il vous procure, puis vous le jetez. » Ce n'est pas vrai. J'aime faire bon usage des cadeaux que je reçois – peut-être parce que je me suis déjà séparée de tant de choses dans ma vie.

Je les expose immédiatement. Le jour où l'on a dessiné mon portrait, je l'ai tout de suite accroché au mur. Je partage tous les thés et toutes les confiseries qui nous sont offertes à mon personnel et moi. Lorsque je trouve un cadeau non déballé chez un client, je lui demande de s'en servir d'ici à la séance suivante. L'une de mes clientes sortait de nouveaux plats à chacune de mes visites. Chaque séance se transformait en goûter chic.

Pour les cadeaux, une seule règle est en vigueur : déballez-les, sortez-les de leur boîte et commencez à les utiliser dès que vous les recevez.

On me demande parfois quoi faire d'un cadeau qui ne nous apporte pas de joie. Ne vous inquiétez pas. Curieusement, très peu d'entre eux ne procurent aucun bonheur. Si un cadeau ne vous plaît pas, essayez quand même de vous en servir. Vous trouvez étrange de vous « forcer » à l'utiliser ? En rangeant, vous avez appris à vous connecter à ce que vous possédez et à ce que vous aimez. Vous disposez maintenant de l'espace émotionnel nécessaire pour essayer quelque chose de nouveau et apprécier des choses différentes.

Aucune règle ne vous oblige à conserver éternellement un cadeau. Si, au bout d'un certain temps, il semble avoir rempli son rôle, rien ne vous empêche de vous en séparer. Vous devriez alors être en mesure de le faire sans culpabilité et avec une sincère gratitude.

Pour être honnête, je n'ai pas toujours été aussi flexible. Le rangement aiguise notre capacité à décider ce que nous souhaitons garder parmi ce que nous possédons. C'est peut-être ce qui m'a empêchée d'accepter ce que je reçois. Apprendre à accueillir les marques de gentillesse m'a réellement facilité la vie. C'est peut-être exagéré, mais j'ai l'impression que faire bon usage des cadeaux m'aide à profiter des opportunités. C'est comme si j'acceptais ma bonne fortune. Quel gaspillage de ne pas utiliser un cadeau que quelqu'un s'est donné la peine de nous offrir. Nos rencontres avec les objets ont toujours un sens et peuvent nous faire découvrir une joie inattendue et au premier abord invisible.

CONCLUSION

Trouvez le bonheur avec ce que vous avez.

Pour K, le style de vie idéal était une maison où elle pourrait passer du temps à table avec ses amis et sa famille. Je suis sûre que beaucoup d'entre nous partagent le même rêve.

« Je connais des gens qui invitent leurs amis à faire la fête, m'a dit K. Je n'ai jamais pu le faire. Pourtant, j'aimerais tellement ! Il faut d'abord que je mette de l'ordre. » Le rangement a été rapide. Une fois les papiers triés, nous avons fait une pause et elle a sorti des brioches qu'elle avait achetées dans la boulangerie voisine et les a présentées directement dans leur emballage, accompagnées de boissons dans des bouteilles en plastique. « Tenez, a-t-elle dit. Servez-vous. » Pendant mes séances de rangement, il m'arrive souvent de ne pas faire de pause, mais je suis reconnaissante lorsque mes clients m'offrent une collation. Mais là, j'y voyais un manque de respect pour les bonnes brioches et une perte de temps.

Nous n'avons pas encore rangé la cuisine, mais ma cliente doit bien avoir des plats qui procurent de la joie, me suis-je dit. Avec sa permission, j'ai ouvert ses placards et j'ai découvert un étonnant assortiment de vaisselle magnifique ! J'ai sorti deux jolies assiettes à fleurs empilées au fond du placard qui semblaient crier « Utilisez-moi ! Utilisez-moi ! ». J'ai réchauffé les brioches au four et les ai disposées sur les assiettes. Puis j'ai versé le thé en bouteille dans de magnifiques verres Edo-Kiriko que K n'avait jamais sortis de leur coffret en bois de paulownia. Résultat ? En quelques minutes, notre pause s'est transformée en un élégant goûter.

Ce que j'essaie de dire, c'est que de nombreux éléments de notre style de vie idéal sont déjà à notre portée. Il suffit d'utiliser ce que nous avons déjà sous la main. Pensez-vous qu'il faut avoir de la belle vaisselle et une cuisine bien rangée pour cultiver un art de vivre ? Eh bien non. Avec un peu d'ingéniosité, de créativité et de gaieté, tout le monde peut utiliser ce qu'il possède pour mettre de la joie dans sa vie. Les idées ne manquent pas.

L'une d'elles consiste à célébrer les événements saisonniers. Quand j'étais enfant, ma mère adorait saisir toutes les occasions. Il ne se passait pas un mois sans qu'elle en trouve une, que ce soient des fêtes traditionnelles japonaises, comme Tanabata, la fête des étoiles, ou des fêtes venant d'ailleurs, comme Halloween. Mais au lieu de fabriquer des lanternes dans des citrouilles, nous dessinions des visages au feutre sur des mandarines, plus faciles à trouver au Japon que les grosses citrouilles, et nous en placions dans chaque pièce. En décembre, nous installions et décorions un petit arbre de Noël dans le hall. Comme il est difficile d'acheter de la dinde au Japon, le soir de Noël, ma mère achetait un poulet rôti et nouait de jolis rubans à l'extrémité des pilons.

Lorsque je veux une décoration de saison, j'accroche souvent des *tenugui* dans l'entrée ou le salon. Ce sont de fines serviettes japonaises traditionnelles en coton ornées de jolis motifs. Plutôt que de décorer toute la maison, je n'en accroche qu'une ou deux à des endroits stratégiques, comme la salle à manger pour que la famille en profite lorsque nous nous réunissons pour les repas, ou le hall d'entrée. Ces tissus sont simplement fixés au mur par du ruban adhésif repositionnable, mais ils modifient l'atmosphère aussi radicalement que si j'avais changé le papier peint. Lorsque je retire un *tenugui* au moment du changement de saison, je repense à ma famille et à tout ce que nous avons fait ensemble. Ce ne sont que de simples souvenirs d'une famille ordinaire, mais pour moi ils n'ont pas de prix.

Ranger sa maison change la vie. Pour beaucoup, ce changement est spectaculaire. Mais même lorsqu'il ne l'est pas, il est merveilleux d'apprendre à savourer chaque moment de la vie.

J'espère que, grâce à la magie du rangement, votre vie et votre maison vous apporteront de la joie au quotidien.

ÉPILOGUE

Pendant l'écriture de ce livre, nous avons accueilli notre troisième enfant, un fils. C'est la première fois que j'élève un garçon. Ce sont pour nous autant de surprises et de défis. L'arrivée d'un nouveau membre dans la famille a bousculé mon emploi du temps. Je suis beaucoup plus occupée. Nous avons acheté quelques affaires, nous avons modifié l'aménagement de notre maison et nous occupons notre temps un peu différemment.

Je suis sûre qu'à chaque nouvelle étape de notre vie – lorsque les enfants grandiront et passeront dans la classe supérieure, lorsque nous déménagerons dans une nouvelle maison ou lorsque nous changerons de travail –, ma vision d'un *kurashi*, ou style de vie, idéal, mes priorités et ma conception d'une utilisation joyeuse de mon temps évolueront elles aussi. Le style de vie que j'ai décrit ici correspond à ce qui m'apporte de la joie à ce stade particulier de ma vie.

Mes clients me disent que certaines choses cessent parfois de leur procurer de la joie. C'est tout à fait naturel. Les sources de joie évoluent. L'important est d'avoir conscience de ce qui vous apporte de la joie à chacun de ces changements. Soyez à l'écoute de votre bonheur à chaque instant de votre vie et réjouissez-vous de chaque journée passée avec les êtres que vous aimez. Je serais très heureuse que ce livre vous aide à le faire.

Avec joie et gratitude,

Marie Kondo

CARNET DE NOTES DE VOTRE STYLE DE VIE IDÉAL

L'introspection est un élément essentiel du processus de rangement, qui vous aide à découvrir ce qui compte vraiment pour vous dans la vie. C'est cette connaissance qui vous empêche ensuite de replonger dans le désordre. Dans les pages qui suivent, vous découvrirez comment entamer la réflexion et mieux vous connaître tout au long de votre festival du rangement.

Choisissez un carnet qui vous plaît et commencez à noter votre vision de « votre style de vie idéal », notamment tout ce que vous remarquez en rangeant et les changements que vous observez au cours du processus. Il est fréquent de prendre des notes sur un ordinateur ou un smartphone. Personnellement, je recommande d'écrire à la main. Il est beaucoup plus facile d'organiser ses pensées et d'avoir les idées claires en écrivant à la main qu'en tapant.

Par exemple, j'ai l'habitude de noter tout ce qui m'apporte de la joie ou toutes les pensées qui me viennent à l'esprit pendant la journée. Cela m'aide à identifier les activités qui me procurent le plus de joie et les objets qui me donnent un sentiment d'épanouissement.

Ranger est une excellente occasion de faire de l'introspection et de mieux se connaître. Utilisez ce carnet de notes pour vous connecter à votre moi profond, pour ranger votre maison et pour trouver votre style de vie idéal. Pour vous faciliter la tâche, toutes les étapes essentielles sont décrites dans cette section.

Visualisez votre matin idéal.

Décrivez votre matinée idéale, de votre réveil à votre départ de la maison ou au démarrage de votre journée de travail. Quelle est la première chose que vous aimeriez faire ? Soyez précis. Visualisez-vous faisant chaque activité, comme vous détendre avec une tasse de thé ou passer l'aspirateur. Puis imaginez ce que vous devez faire et dans quel état votre maison doit être pour que ce soit possible. Vous réaliserez à quel point il est important d'avoir fait du rangement !

Exemple d'emploi du temps

Notez ce que vous devez faire pour créer votre matin idéal.

Si vous travaillez à la maison ou si vous êtes la principale personne à vous occuper de votre famille, cette partie de votre matinée commence à votre réveil et se termine au moment où vous vous mettez au travail ou à vous occuper de la maison. Si vous travaillez ou étudiez à l'extérieur, elle va de votre réveil à votre départ de la maison.

Comment se déroule mon matin idéal

Heure	Ce que je veux faire
6 h 00	Ouvrir la fenêtre, diffuser des huiles essentielles, faire quelques étirements. Arroser les plantes.
6 h 15	Laver délicatement et soigneusement mon visage. Mettre le lave-linge en marche. Préparer le petit-déjeuner.
6 h 45	Faire un rapide ménage. Se changer. Réveiller ma famille.
7 h 15	Mettre la table, passer une musique relaxante, prendre le petit-déjeuner.
7 h 45	Débarrasser le petit-déjeuner. Faire tourner le sèche-linge.
8 h 00	Dire au revoir à mon mari. Me maquiller.
8 h 30	Partir avec les enfants.

Ce que je dois faire : Débarrasser pour avoir la place de s'étirer. Ranger l'alcôve.

Ce que je dois faire : Organiser mon placard pour faciliter mes choix.

Ce que je dois faire : Réduire le nombre de mes ustensiles de cuisine.

Ce que je dois faire : Installer des paniers pour trier le linge.

Ce que je dois faire : Apaiser mon esprit pour savourer le moment présent. Ranger la vaisselle du petit-déjeuner pour qu'elle soit plus accessible.

Ce que je dois faire : Nettoyer l'entrée. Organiser mes produits de maquillage.

Prévoyez une activité qui vous apportera de la joie pour bien commencer la journée. Soyez aussi précis que possible. Notez des détails et vous atteindrez plus facilement votre idéal.

Comment se déroule mon matin idéal

Ce que je dois faire :

Heure	Ce que je veux faire

Ce que je dois faire :

Ce que je dois faire :

Ce que je dois faire :

Ce que je dois faire :

Ce que je dois faire :

Ce que je dois faire :

Visualisez votre journée idéale.

Établissez une chronologie idéale. Demandez-vous comment créer les conditions nécessaires pour les atteindre, par exemple en écoutant des podcasts pour apaiser votre esprit ou des livres audio pour apprendre une nouvelle langue ou une nouvelle compétence pendant vos trajets quotidiens. N'oubliez pas de prévoir du temps pour vous : marcher ou faire du sport, voir vos amis, aller chercher vos enfants et jouer avec eux, et pour les tâches ménagères, les courses et le rangement.

Visualisez le déroulement de votre journée et notez ce qui doit être fait avant de quitter la maison ou de commencer une tâche. Vous aurez plus de temps libre pendant la journée.

Prévoyez des moments de plaisir dans votre emploi du temps, par exemple en famille, afin de rester concentré sur la nécessité de provoquer l'étincelle du bonheur.

Exemple d'emploi du temps

Comment se déroule ma journée idéale

Heure	Ce que je veux faire
9 h 00	Envoyer les enfants à l'école.
9 h 30	Yoga
10 h 30	Visioconférence
12 h 00	Préparer le déjeuner. Déjeuner. Débarrasser la table.
13 h 30	Rédiger des e-mails. Écrire dans mon blog.
15 h 00	Aller chercher les enfants, prévoir assez de temps pour pouvoir le faire sans se presser.
16 h 00	Prendre le thé (et les enfants leur goûter).

Ce que je dois faire : Sortir les chaussures des enfants pour qu'ils soient prêts à l'heure.

Ce que je dois faire : Trouver un tapis de yoga qui m'emplit de joie.

Ce que je dois faire : Trouver un endroit où il sera facile de se concentrer. Choisir un espace libre et visible pour y installer une plante.

Ce que je dois faire : Ranger le réfrigérateur pour pouvoir retrouver facilement les ingrédients. Vider le lave-vaisselle.

Ce que je dois faire : Ranger mon bureau et y poser un objet qui m'emplit de joie.

Ce que je dois faire : Ne pas surcharger mon emploi du temps avant d'aller chercher les enfants.

Ce que je dois faire : Préparer des goûters à l'avance pour que les enfants mangent dès leur retour à la maison.

Notez des détails comme le moment où vous commencerez à préparer le repas ou à faire le ménage. Vous verrez ainsi comment trouver le temps de faire ce dont vous avez envie.

Comment se déroule ma journée idéale

Ce que je dois faire :

Heure	Ce que je veux faire

Ce que je dois faire :

Ce que je dois faire :

Ce que je dois faire :

Ce que je dois faire :

Ce que je dois faire :

Ce que je dois faire :

Visualisez votre soirée idéale.

Quelle est votre vision de la soirée idéale, de votre retour du travail, de l'école ou des courses, à l'heure où vous allez vous coucher ? Parce qu'elle a un impact sur la qualité de votre sommeil et votre état au réveil le lendemain matin. demandez-vous sérieusement comment éviter la surstimulation et organisez-vous pour décompresser.

Exemple d'emploi du temps

Imaginez le cadre de vie dont vous avez besoin pour vous sentir tranquille et serein.

Comment se déroule ma soirée idéale

Time	Ce que je veux faire
18 h 00	Me démaquiller. Préparer le dîner.
19 h 00	Manger en famille.
20 h 00	Débarrasser (avec les enfants). Faire couler le bain.
20 h 30	Donner le bain aux enfants et les mettre au lit. Ranger.
21 h 00	Plier le linge. Travaux manuels.
22 h 00	Prendre un long bain (aromathérapie).
23 h 00	Exprimer sa gratitude pour la journée. Aller se coucher.

Ce que je dois faire : Trouver un rangement temporaire pour les vêtements que je ne lave pas. (18 h 00)

Ce que je dois faire : Organiser la cuisine pour que les enfants puissent l'utiliser facilement. (20 h 00)

Ce que je dois faire : Apprendre à mon mari à plier le linge. Faire de la place à mes fournitures de travaux manuels. (21 h 00)

Ce que je dois faire : Éviter de laisser traîner des choses sur la table. (19 h 00)

Ce que je dois faire : Instaurer des rangements pour chaque chose pour faciliter et accélérer le rangement. (20 h 30)

Ce que je dois faire : Installer un coin baignoire confortable. Avoir des serviettes propres. (22 h 00)

Juste avant de vous coucher, concentrez-vous sur la gratitude que vous éprouvez envers votre famille et tous vos proches, et pour cette journée. Vous rechargerez votre cœur et votre esprit, et vous vous réveillerez frais et dispos.

Visualisez ce que vous voulez faire pour préparer la journée du lendemain et vous assurer une bonne nuit de repos, de votre retour à la maison à votre coucher. Ne surchargez pas votre soirée.

Comment se déroule ma soirée idéale

Ce que je dois faire :

Heure	Ce que je veux faire

Ce que je dois faire :

Ce que je dois faire :

Ce que je dois faire :

Ce que je dois faire :

Ce que je dois faire :

Ce que je dois faire :

REMERCIEMENTS

Je remercie infiniment celles et ceux qui ont contribué à la réalisation de ce livre, notamment l'éditrice Lisa Westmoreland, qui m'a accompagnée depuis la phase préparatoire ; Julie Bennett, éditrice, et Betsy Stromberg, directrice artistique, de Ten Speed Press ; mon agent Neil Gudovitz ; Tomoko Ishibashi pour sa collaboration éditoriale sur le manuscrit japonais ; l'équipe d'Outset pour ses superbes photographies ; Leanne Citrone, qui a gentiment mis sa magnifique maison à notre disposition pour l'une des séances photo ; et Cathy Hirano, qui a traduit le manuscrit japonais en anglais. Un grand merci aussi à Kay Amano pour son habile coordination, son soutien inlassable et son enthousiasme.

Et enfin, un grand merci à vous d'avoir choisi ce livre.

Je vous souhaite une vie qui vous donne de la joie au quotidien !

INDEX

A
activités
réflexion sur les activités du jour, 139-140
sociales, 166
acupression, 104-105, 184
aliments fermentés, 181, 186
amazaké, 182

B
bain, 193-194
bain de bouche à l'huile, 119, 120

C
cadeaux, 202-203
carnet de notes, 211-217
célébrations, 206-207
chambre, 81-82
chaussures, 63, 89, 94-95
communauté, rendre à sa, 168-169
créativité, 155
cuisine, 71, 74. *Voir aussi* petit-déjeuner ; dîner ; recettes

D
désir, rôle du, 18
dîner
dans la joie, 173-174
recettes, 177-178, 182

E
échéances, impact des, 32, 35
écriture, vertus de l', 28, 31
encens, 119
enfants
emploi du temps familial harmonieux, 143
jouets, 144, 147-148
matins, 129
rangement, 144, 147
temps de jeu, 144, 147
entrée, 63-64, 66, 89, 104, 105
épinards à la sauce sésame, 177
équilibre vie professionnelle et vie privée, 151-152
espace de travail, 76, 79
événements saisonniers, 206-207
extérieur, 111-112

F
famille
emploi du temps harmonieux, 143
rangement et, 40, 144, 147
Voir aussi enfants
feng shui, 66, 104, 160

G
garage, 106-107
gratitude, 168, 201

H
habitudes
abandonner les mauvaises, 139, 140
acquérir de nouvelles, 120-121

I
introspection, 211

J
jardinage, 111-112, 114
joie
relations et, 166
scrapbooking, 197-98, 201
sensibilité à la, 195
sources de, 24, 41
jouets, 144, 147-148
journée
emploi du temps, 28, 139-140, 143
équilibre vie professionnelle et vie privée, 151-152
pauses, 163
sport, 159
visualiser sa journée idéale, 139, 214-215

K
komono (objets divers et variés)
catégories de, 156
rangement, 156
KonMari, méthode, 24, 32, 41, 93, 106
kurashi, signification, 11-12

L
lâcher prise, 28
livres de cuisine, 174
loisirs, 156

M
maison
personnalité, 44, 46
saluer, 44, 46
stimuler les points de pression, 104-105
visualiser son idéal, 16, 18-19, 63
Voir aussi chaque pièce
matcha *latte*, 164
matin
avoir plus de temps, 129-130
visualiser son idéal, 119, 130, 133, 212-213
Voir aussi petit-déjeuner
méditation, 160, 188
ménage, 66, 134-135, 160
miso, 126-127
soupe, 125-126
Miwa, Akihiro, 16, 18
murs, décoration, 108-109

O
odorat, sens de l', 195-196

P
pauses, 163
petit-déjeuner
atmosphère, 123
fixer l'heure du, 119
idées recettes, 125-127
placards, 87, 89-90
planifier, 28, 139-140, 143
points de pression, 104-105, 184
possessions
communiquer avec, 49
chéries depuis longtemps, 50
faire de la place pour ses, 49
premières impressions et, 53-54, 57-58
qui donnent de la joie, 24, 41
premières impressions, 53-54, 57-58
pyjamas, 196

R
ragoût d'ailes de poulet, vinaigre noir, 178
rangement
blocages, 21, 23
but du, 31
commencer, 20-21, 36-37, 39
dates limites, 32, 35, 36
famille et, 40, 144, 147
introspection et, 211
méthode KonMari, 24
motivation, 20
pouvoir du, 7, 24
questions de, 21

signification, 23
submergé par le, 27-28, 31
temps gagné grâce au, 186
rangements
dans la cuisine, 71
dans la salle de bains, 96
dans le garage, 106, 107
dans le salon, 68
de l'espace de travail, 76, 79
des jouets, 148
des *komono*, 156
des vêtements, 87, 89
personnalisation, 100
rituel sacré, 49
recettes
amazaké, 182
de famille, 173-174
épinards sauce sésame, 177
matcha *latte*, 164
miso, 126-127
ragoût d'ailes de poulet, vinaigre noir, 178
soupe miso, 125-126
relations, 54, 166
relaxation, 188
réveil, 82, 119
riz
amazaké, 182
routine du coucher, 191, 193-194, 196-197, 201

S

salon, 68, 70
scrapbooking, 197-198, 201
shiatsu, 104
sociales, activités, 166
soirée
rituel, 191, 193-194
visualiser son idéal, 216-217
Voir aussi routine du coucher ; dîner
sols, nettoyage, 66, 160
sommeil, 82, 196
soupe miso, 125-126
sport, 159
stress, gestion du, 27-28, 31
style de vie
changer de, 15, 209
non pratique, 186
réaliser son idéal, 205-206
visualiser son idéal, 11-12, 15-16, 18-19
système digestif, nettoyer, 184

T

temps de jeu, 144, 147
thé
matcha *latte*, 164
pause, 163
toilette, 96, 103, 105
toucher, sens du, 195

V

vêtements
matières naturelles, 195-196
organisation, 89
plier, 87
style, 92-93
suspendre, 87
vie, but dans la, 155
vue, sens de la, 195

Publié aux États-Unis par Ten Speed Press, une maison d'édition Random House, un département du groupe Penguin Random House LLC, New York.
www.tenspeed.com

Traduction anglaise : Cathy Hirano
Photographies : Nastassia Brückin et Tess Comrie
Auteur et style de vie : Nastassia Brückin
Natures mortes : Tess Comrie

Certaines parties de ce livre ont d'abord été publiées au Japon sous le titre *Mainichi ga tokimeku katazuke no mahō* (*L'Étincelle du bonheur au quotidien*) par Sunmark Shuppan, Tokyo, en 2014.

Traduction française : Florence Paban-Lebret

ISBN : 978-2-412-08858-6
Dépôt légal : Octobre 2023
Imprimé en Espagne

Éditions First, un département d'Édi8
92, avenue de France
75013 Paris
France
Tél : 01 44 16 09 00
Email : firstinfo@efirst.com
Site Internet : www.editionsfirst.fr